# LE MARTINISME

*Les Serviteurs Inconnus du Christianisme*

Jean-Louis de Biasi

Éditions Theurgia
www.theurgia.us

*Martinisme, Les Serviteurs Inconnus du Christianisme*, Copyright ©
1997-2018

Tous droits réservés « Éditions Theurgia ».

Aucune partie de ce livre ne peut être reproduite ou utilisée de quelque façon que ce soit sans autorisation écrite des Éditions Theurgia, à l'exception de brèves citations intégrées dans des articles ou présentations se rapportant à ce livre.

Éditeurs : Jean-Louis de Biasi - Patricia Bourin

Éditions Theurgia © 2018

2251 N. Rampart Blvd #133, Las Vegas, NV 89128, USA

secretary@theurgia.us

Fabriqué aux États-Unis

ISBN : 978-1-926451-08-4

Découvrez les autres publications de "Theurgia"

www.theurgia.us

# SOMMAIRE

*Avant propos de la nouvelle édition* ........................... 9

*Introduction* ........................... 13

*1° Partie – La tradition martiniste* ........................... 17

    L'arbre martiniste ........................... 17
        Martinès de Pasqually ........................... 17
        J. B. Willermoz ........................... 21
        L. -C. de Saint-Martin ........................... 22

    Facettes du Martinisme ........................... 27

*2° Partie - Doctrines martinistes* ........................... 31

    La doctrine Martinésiste ........................... 31

    Le siècle des lumières ........................... 33

    La doctrine martiniste ........................... 37

    Le Martinisme Papusien ........................... 45

*3° Partie – Aspects du Martinisme contemporain* ........................... 55

    Le monde martiniste ........................... 55
        Ordre initiatique et ésotérique ........................... 55
        Les grades et pratiques martinistes ........................... 56
        Les symboles ........................... 58
        Les Grands Maîtres ........................... 59
        La Temple martiniste ........................... 60
        L'égrégore et les Maîtres passés ........................... 61
        Le Martinisme et l'Eglise Gnostique ........................... 62
        Les errements du Martinisme ........................... 64
        La division ........................... 64
        L'enseignement ........................... 65
        Martinésisme et Martinisme ........................... 66
        Orientalisme et exotisme ........................... 67
        L'illusion mystique ........................... 69

*4° Partie – Le cœur secret du Martinisme* ........................... 71

*5° Partie – Rituels et pratiques* ........................... 77

### Du rite martiniste de 1897 aux développements modernes ___ 77
Rite martiniste de 1897 : ___ 77
### Les Officiers de la Loge aux quatre premiers degrés ___ 81
### Rituels martinistes issue d'une Loge de recherche contemporaine ___ 83
Rituel de contact individuel à la chaîne martiniste ___ 83
Rituel des tenues théurgiques ___ 92
Rite de fondation d'une Loge martiniste ___ 102
Pratique de la croix kabbalistique ___ 125
Rituel martiniste opératif ___ 127
Prières d'exorcismes et de consécrations ___ 138

## *6° Partie – Les Ordres martinistes « contemporains »* 147
### O. Martiniste de Lyon ___ 148
### O. Martiniste de Papus ___ 149
### O. Martiniste Traditionnel ___ 150
### O. Martiniste Initiatique ___ 154
### O. Des Chevaliers Martinistes ___ 159
### O. Martiniste des Chevaliers du Christ ___ 163
### O. Martiniste Synarchique ___ 173
### O. Martiniste Libre ___ 174
### O. Martiniste S.I. ___ 174

## *7° Partie – RETOUR AUX RACINES* ___ *179*
### Le Martinisme et l'O.K.R.C. ___ 179
### L'archiconfrérie de Ieschouah ___ 182

## *Annexes* ___ *185*
### Suggestion d'une trame d'étude du martiniste ___ 185
1. Associé : ___ 185
2. Initié : ___ 186
3- Supérieur Inconnu : ___ 188
### Travaux de réflexion et d'étude symbolique (Exemples) 191
Les Maîtres passés ___ 191

Considération sur le mot " Vie" _____ 195
Interprétation symbolique du mot vie en hébreu " _____ 197
Haraïm" _____ 197
L'épée _____ 197
Le Credo martiniste _____ 199
Buts de l'Ordre martiniste _____ 200
Conseils au nouveau-venu désirant étudier l'Occulte _____ 201

## L'Ordre Martiniste et la G. L. N. F. _____ 202

## Rite Ecossais Rectifié et la naissance de la G. L. N. F. _ 207

## *Postface* _____ *209*

## *Tableaux des principales filiations martinistes* _____ *213*

# AVANT PROPOS DE LA NOUVELLE ÉDITION

Il y a 20 ans, encore dans le 20ᵉ siècle, mon livre sur le martinisme était publié. Il fut suivi de nombreux autres portant sur divers domaines de la tradition occidentale. J'ai longtemps hésité à rééditer ce livre, mais c'est maintenant chose faite. Une autre édition verra d'ailleurs sans doute le jour en anglais, en 2018.

Nombreux sont les lecteurs qui souhaitaient avoir la possibilité de lire cet ouvrage. Il est en effet différent de la plupart de ce que vous pouvez lire sur le sujet. A l'époque de son écriture, la plupart des livres sur le martinisme n'abordaient cette tradition que sur le plan historique. Des spécialistes tels que Antoine Faivre ou Robert Amadou s'en étaient d'ailleurs fait une spécialité. A travers cet ouvrage, mon objectif était certes de rappeler les éléments historiques, mais surtout de dévoiler certains éléments mal connus. Parmi ceux-ci, la dimension spirituelle et religieuse, les écueils de cette tradition et les principaux Ordres me paraissaient des éléments au moins aussi importants que les études historiques. Je pense que cela est toujours d'actualité. En effet, de nombreux sites internet que j'ai pu consulter consacrent de longues pages à lister leurs diplômes et tenter de prouver leur légitimité. C'est également une tendance maladive des petites églises et autres Ordres templiers. Je voudrais rappeler un élément fondamental : une seule filiation valide est suffisante. Bien évidemment, les rites peuvent être multiples, puisque depuis Papus ceux-ci ont évolué, donnant lieu à des développements souvent très intéressants. J'ai pour ma part eu la chance de recevoir les différentes filiations martinistes, certaines par ligne directe. D'autres communications moins connues me furent également remises. Toutefois, vous ne trouverez pas sur mon site Internet l'accumulation habituelle des diplômes. C'est une chose futile.

Vingt ans plus tard, il me paraît important de partager avec vous quelques remarques sur le martinisme au 21ᵉ siècle. En un mot, il est fondamental de se demander si les Ordres martinistes sont encore capables d'apporter quelque chose au monde ou non. Le martinisme est-il encore pertinent ? Cette question peut sembler étrange venant de moi. En effet, une grande partie de mes recherches sont consacrées aux traditions platoniciennes et néoplatoniciennes. Bien que celles-ci soient plus anciennes, la même question se pose. Toute personne ayant lu les œuvres de Louis Claude de Saint Martin et ayant reçu les initiations martinistes peut mesurer la différence. Il est clair que les structures martinistes élaborées par Papus et son équipe portent sa marque. C'est d'ailleurs une très bonne chose. Toutefois, chaque apport nouveau venant des Ordres martinistes a augmenté cet écart avec le personnage qui en est l'inspirateur. On a souvent peine à reconnaître la théosophie chrétienne de Saint Martin derrière l'occultisme martiniste du 19ᵉ et 20ᵉ siècles. Bien plus, certaines doctrines développées sont même en opposition avec ses croyances. C'est le cas par exemple de la réincarnation. Il faut donc bien reconnaître que les Ordres martinistes en général se sont éloignés de la simplicité originale et ont dénaturé, souvent par orgueil, un message spirituel issu de la tradition chrétienne. Si l'utilité de ces Ordre martinistes est donc aujourd'hui discutable, il n'en est pas de même pour le message de Saint Martin. Il fut intégré par Papus au sein des rites et c'est lui qui est fondamental. Pour trouver ce cœur, il est important de laisser de côté les dogmes chrétiens imprégnant l'œuvre de Saint Martin. La démarche est identique à celle qui consisterait à retrouver la morale évangélique dépourvue des dogmes religieux ajoutés postérieurement. C'est une démarche indispensable qui nous ramène à l'essentiel. Sédir a suivi ce chemin. Comme chacun peut le voir, le groupe qu'il constitua portant le nom « les amitiés spirituelles » a sut rester fidèle à cette simplicité. Cette âme du martinisme est simple. Elle tient en quelques mots et ne nécessite pas de longues études kabbalistiques : humilité, simplicité, tolérance et authenticité. Les buts et le credo du martinisme définis par Papus et Téder en donnent un développement dans la phraséologie de l'époque.

Revenant à cette base fondamentale, nous pourrons alors nous concentrer sur ce qui est essentiel dans le message de Saint Martin, associé à la dimension spirituelle de Ieschouah. Mais ceci relève plus aujourd'hui d'une archiconfrérie, que d'un Ordre initiatique. Notre vie est courte et il est fondamental d'aller le plus rapidement possible à l'essentiel. Ne perdons pas de temps dans de longues prétentions généalogiques voilant un orgueil incompatible avec cette tradition. Avançons-nous au cœur de cette tradition pour véritablement changer notre existence pour le meilleur, à la fois pour nous et pour ceux qui nous entourent.

Las Vegas, 11 novembre 2017

# INTRODUCTION

Papus parlait ainsi de l'Ordre Martiniste : " Il est une société mystique (...). Comme société, le Martinisme est l'union des forces invisibles évoquées pour la recherche de la Vérité (...) L'Ordre Martiniste est un centre actif de diffusion initiatique. Il est constitué pour propager rapidement et d'une manière étendue les enseignements de l'occulte et les lignes de la tradition occidentale chrétienne. La société martiniste a un premier caractère ; elle a le respect de la liberté humaine (...) Le second caractère est d'accepter en son sein les hommes et les femmes. Le troisième caractère est d'être chrétien. Le Martiniste défend l'action du Christ..." (A propos du Martinisme par Papus, Docteur Gérard Encausse).

Selon cette définition, les principes du Martinisme semblent relativement simples à comprendre. Mais, s'il en fut ainsi du temps de Papus, il n'en est pas de même aujourd'hui. En effet, différents rites se sont développés à partir d'éléments symboliques spécifiques. Des enseignements, des pratiques, des coutumes ont été développés jusqu'à donner naissance à divers Ordres martinistes. Enfin divers personnages passés et modernes ont jalonné et construit son histoire. Certains furent créatifs et innovateurs, d'autres docteurs et conservateurs. Il est donc intéressant et important de présenter cette tradition, son origine, son rôle, sa philosophie, ainsi que l'essentiel de ses rites. Il ne s'agit pas d'un ouvrage de plus sur l'histoire du Martinisme. Notre objectif fut au contraire de rendre intelligible ce courant à ceux qui n'en avaient qu'une idée vague ou même fausse. Nous avons voulu faire ressentir la vigueur du Martinisme passé et nous n'en doutons pas contemporain s'il ne se fige pas dans tel ou tel dogme nécessairement réducteur. En effet, il peut être pour certains un moyen d'imposer une vision du christianisme très personnelle, tandis que pour d'autres la dimension chevaleresque ou théurgique sera prédominante. La recherche des racines pourra conduire à la magie des Elus-Cohens tout aussi bien qu'à la simplicité, la pauvreté et la liberté. Tous pourtant se référeront au Martinisme.

Ainsi, celui qui désire s'approcher de cette tradition, s'avancer vers ses mystères et rites se doit de choisir la sensibilité qu'il souhaite y rencontrer. S'agit-il de Martinès de Pasqually, de Saint-Martin, de Papus ou du Martinisme tout simplement ? Mais selon quel critère s'orienter ? L'aspirant ne va-t-il pas s'orienter selon les rencontres, selon le " destin", en fait par hasard ? Beaucoup deviennent donc martinistes, comme d'autres Rose-Croix ou Francs-Maçons, ou plutôt croient le devenir, après avoir été initiés dans un Ordre portant ce beau nom mystérieux. Mais le sont-ils vraiment ? Sur des centaines de personnes frappant au portail de cette tradition, bien peu resteront plus de quelques années. Encore bien moins nombreux sont ceux qui parviendront à pénétrer au cœur de ce que l'on a coutume d'appeler l'ésotérisme chrétien. Et, pourtant, n'est-ce pas là un des aspects les plus importants de cette démarche ? Parmi toutes ces personnes pensant connaître le Martinisme, beaucoup rejetteront l'appel d'une quête qui avait grandi en eux, tout au fond de leur être, l'abandonnant comme un idéal utopique que la réalité de certains Ordres fraternels a bien vite flétri.

Pourtant, il y a derrière chacun un appel, une force inconnue qui dirige chacun mystérieusement vers ces portails. Tous ceux qui se sont approchés de cette tradition ont ressenti ce désir, cette fraternité qui leur permettrait d'approfondir ce qu'ils avaient abordé individuellement et souvent intellectuellement dans les livres. La perspective d'un échange constructif, l'attrait du rite et de sa valeur fait qu'aujourd'hui encore, nombreuses sont les personnes qui se renseignent auprès des divers Ordres existants. Par-delà cette diversité apparente, cet affrontement parfois, l'expérience quotidienne montre la permanence d'une pensée et d'un caractère martinistes indépendants des structures visibles capables de faire germer en chacun, ce que nous nommions l'appel ou le désir de la quête. Nombreux sont ceux qui, un livre de Papus à la main, ont rêvé à ce qu'était le Martinisme de son époque. Cette fraternité unissant chacun de ces amis dans une quête totale, les engageant complètement à chaque instant de leur vie. La fraternité n'était pas pour eux une finalité. Elle devenait la conséquence de leur démarche mystique.

Ne croyons pas qu'un tel état de fait ait aujourd'hui disparu, car autour de nous des martinistes ou des chercheurs ayant intégré en eux cet idéal, œuvrent dans l'inconnu et dans le silence. Il peut s'agir d'étudiants appartenant aux divers Ordres, mais aussi de tous ceux qui, non-initiés, ne connaissant peut-être pas cette voie, incarnent déjà dans leur vie cet idéal.

Car il ne suffit pas d'être initié pour devenir martiniste. Certains, qui n'appartiennent pas à cette école, pourraient bien y donner des leçons. Cette tradition est donc bien plus qu'un puzzle de courants différents dont il pourrait parfois nous manquer des morceaux ; c'est la présence sur nos terres d'une pensée, d'un égrégore synthétisant une communion d'esprit et de symboles entre diverses personnes. Par-delà les fissures, par-delà les oppositions, le Martinisme reste donc un et vivant, car son action et son rôle ne sont heureusement pas assujettis aux structures visibles.

C'est partir de cette certitude que nous allons pouvoir décrire ce courant occidental en évitant de nous égarer dans une historique stérile ou une partialité réductrice. En effet, il y a bien un but martiniste transcendant aux êtres qui ont constitué son histoire. Il s'agit de la défense et du service invisible de l'ésotérisme chrétien. Parallèlement à cette œuvre bien mal définie, la découverte de soi et de sa propre expression divine apparaît comme l'axe essentiel du travail.

Si ce corps n'avait plus de vie alors il aurait déjà disparu depuis longtemps. Force nous est de constater que ce n'est pas le cas.

# 1° PARTIE – LA TRADITION MARTINISTE

## L'ARBRE MARTINISTE

Pour comprendre le Martinisme et ses diverses expressions il convient que nous retracions les lignes maîtresses de son édifice. Cet arbre martiniste possède en effet des racines que l'on ne peut ignorer si l'on désire comprendre son évolution et découvrir son caractère original. Nous ne nous encombrerons pas de détails inutiles, ne visant que la clarté et la simplicité. Il existe aujourd'hui une distinction entre le *Martinisme* et le *Martinésisme* soulignant la différence qui existe entre le plus lointain fondateur, Martinès de Pasqually et un des successeurs qui a le plus marqué ce courant, Louis Claude De Saint-Martin. Il nous faut cependant remonter à une époque où aucune de ces doctrines n'existaient pas sous la forme où nous les connaissons aujourd'hui et dire quelques mots de Martinès de Pasqually.

## *MARTINÈS DE PASQUALLY*

Tout dans la vie et les origines de Martinès de Pasqually demeure plus ou moins obscur. Nous n'avons même pas de certitude quant à son nom véritable, son lieu et date de naissance, sa religion et sa doctrine exacte. Tout a été, ou peut-être encore discuté. Cependant, de nombreux travaux historiques dont ceux de G. Van Rijnberk, de Robert Amadou et d'Antoine Faivre peuvent permettre de se faire une idée relativement juste de ces différents points. Rijnberk écrit : "Selon l'acte authentique du mariage du maître avec Marguerite Angélique de Collas et l'attestation de catholicité du registre des passages, il en résulterait que :

Martinès est né en 1725 à Grenoble. (ou plus vraisemblablement 1710, comme peut le montrer la découverte faite par Christian MARCENNE rapporté dans la revue *l'Esprit des Choses* n°15, 1996.)

Son nom complet était : Jaque (Sic) Delyoron (ou mieux de Livron) Jochim Latour De la Case Martines Depasqually. Son père se nommait Delatour de la Case."[1]

Ces renseignements sont, on le voit très précis mais pourtant en partie erronés. Comme le démontre G. Van Rijnberk, il convient de rectifier la date de naissance par recoupement et de la placer plus exactement en 1710. Quant au lieu de naissance tous les documents connus indiquent la ville de Grenoble. Seul Willermoz semble croire que Martinez soit né en Espagne. Le nom exact du maître présente un véritable casse-tête. Celui que nous citons plus haut en fait toutes les signatures qu'utilise Martinès. C'est ainsi que nous pouvons rencontrer, Don Martinès de Pasqually, De Pasqually de la Tour, De Pasqually de la Tour Las Cases, etc. Notons simplement que le nom le plus utilisé fut Martinès de Pasqually et que ses disciples ont retenus le nom de Martinès pour le désigner couramment. Une partie de son nom, Las Casas est mis en scène dans le roman de Saint-Martin "Le Crocodile". Dans ce passage l'on apprend qu'Eléazar, juif habitant l'Espagne, avait été l'ami avant de rentrer en France, d'un savant arabe. "Le cinquième ou sixième aïeul de cet arabe avait connu Las Casas et en avait obtenu des secrets forts utiles qui, de mains en mains, parvinrent dans celles d'Eleazar."

Pourquoi, s'interroge Van Rijnberk, Saint-Martin a-t-il employé à deux reprises ce nom de Las Casas au sujet d'Eléazar qui représente Martinès dans le roman du crocodile ?

---

[1]. Gérard Van Rijnberk, Martines De Pasqually, un thaumaturge au XVIII° siècle, Georg Olms Verlag, t. IV, 1. II, p. 7.

Selon l'ensemble des documents connus, nous pouvons avancer que Martinès est issu d'une famille de Juifs convertis habitant Grenoble dont les racines sont à situer en Espagne. Quant aux traditions ésotériques familiales, nous n'en savons pas grand-chose. Notons toutefois que son père parait dans la patente maçonnique du 20 août 1738, sous le nom : Don Martinez Pasquelis, écuyer.

Résumons maintenant ce que l'on peut appeler *l'apostolat de Martinès*.

**1754** Il fonde à Montpellier le chapitre des Juges écossais.

**1754-1760** Il voyage et initie de nouveaux Frères à Paris, Lyon, Bordeaux, Marseille, Toulouse et Avignon. Il échoue à Toulouse, dans les Loges de Saint-Jean réunies, mais fonde la Loge " Josué" à l'Orient de Foix.

**1761** Il est affilié à la Loge "La Française" à Bordeaux et y construit son temple particulier.

**1761-66** Il habite à Bordeaux.

**1766** Martinès part pour Paris afin d'y constituer un organe central : Le Tribunal Souverain pour la France constitué de : Bacon de La Chevalerie. Saint-Martin, Willermoz, Desset (ou Deserre), Du Roi D'Hauterive et de Lusignan. (D'après le Prince Chrétien de Sèze.) En avril il rentre à Bordeaux en passant par Amboise, Blois, Tours, Poitiers et La Rochelle.

**1768** Naissance du premier fils de Martinès. Il fut baptisé le dimanche 20 juin. 1768 en la paroisse Sainte Croix de Bordeaux et reçut ensuite la première consécration dans la hiérarchie Cohen. L'abbé Fournié devint ensuite son précepteur mais ce premier fils disparut pendant la Révolution. (selon Serge CAILLET ce fils aurait été commissaire de police et peu délicat…)

Saint-Martin est présenté à Martinès et celui-ci deviendra son secrétaire de 1771 au départ du Maître pour Saint-Domingue.

Willermoz est ordonné Réau-Croix (R+) à Paris en mars par Bacon de La Chevalerie, ordination prématurée d'ailleurs selon le Maître. Martinès éprouve une grande difficulté avec deux membres de L'Ordre : Le sieur Bonnichon dit du Guer et Blanquet. L'équilibre de l'Ordre est menacé et les deux membres sont exclus.

**1769-70** Au sein de l'Ordre éclate un vif mécontentement. "Martinès fonda son Ordre sans une préparation suffisante. Les instructions et les catéchismes des différents grades, le rituel pour les cérémonies des Loges, les prescriptions nécessaires, tout cela n'existait qu'à l'état imprécis et embryonnaire dans l'esprit du Maître alors que les Loges étaient en plein fonctionnement." (G. Van Rijnberk) "Les Réaux+Croix auxquels seuls étaient réservées les opérations de magie-théurgie, manquaient sur plusieurs points des préceptes, conseils et indications les plus indispensables, tandis que dans les prescriptions existantes, les contradictions ne faisaient pas défaut."[1] Les plaintes plurent à Bordeaux mais Martinès ne répondit que beaucoup plus tard, quand ses élèves furent un peu calmés ; il leur reprocha d'être friands de hauts-grades plutôt que de s'instruire et leur conseilla de commencer par étudier profondément le peu d'instructions qu'il leur avait données... Cependant, comme le note G. V. Rijnberk, "sur le plan pratique leurs récriminations étaient raisonnablement fondées."[2]

Les disciples se résignèrent...

**1771** Saint-Martin quitte le régiment et vient s'installer à Bordeaux où il devient le secrétaire de Martinès remplaçant l'abbé Fournié. Le véritable travail d'organisation commença alors grâce à Saint-Martin et cela **17 ans après les premières démarches du Maître** ! Pendant ces années 1771 et 1772 d'importants paquets pleins de papiers partirent de Bordeaux

---

[1]. Ibid., 1. I, p. 27.

[2]. Ibid., 1. I, p. 28.

vers le Tribunal Souverain et vers les Loges. Il est évident que si Martinès avait pu continuer l'organisation avec Saint-Martin, nous aurions encore aujourd'hui l'existence d'un Ordre puissant que nous constatons hélas très fragmentaire.

**1772** Au mois de mai, Martinès s'embarque pour l'île de Saint-Domingue afin d'y recueillir un héritage.

**1773** Le Maître fonde à Port au Prince un Tribunal Souverain pour la colonie de Saint-Domingue.

**1774** Après un travail assidu Martinès meurt le 20 septembre de cette même année.

**1780** La plupart des chapitres se dissolvent et l'activité des Réaux-Croix devient, à partir de ce moment, isolée.

A ce point, trois principaux courants de transmission initiatique vont se dessiner. Le premier clair et compréhensible de nos jours est celui de J. B. Willermoz. Le second, jadis hypothétique, et qui nous apparaît aujourd'hui plus clairement est celui de Saint-Martin. Le dernier dont nous ne savons rien ou pas grand-chose concerne les initiés Réaux-Croix qui ont transmis leur initiation à leurs descendants ou à des proches.

## *J. B. WILLERMOZ*

Examinons tout d'abord les grandes lignes du premier courant que nous venons de citer. Le projet de Willermoz consista à intégrer les connaissances acquises avec Martinès dans certains grades maçonniques. Ainsi en 1778, le Convent des Gaules ratifie une modification de la Maçonnerie Templière ou Stricte Observance Germanique demandé par Willermoz. Elle devient, "les Chevaliers Bienfaisants de la Cité Sainte."

Il créé un collège supérieur constitué de deux niveaux, Profès et Grand Profès.

Nous connaissons le désir de Willermoz par une lettre du 12 août 1781 au Prince Charles de Hesse Cassel dans laquelle il précise les rapports de la base doctrinale avec Martinès contenus dans les degrés théoriques de l'Ordre des Élus Cohens. Rappelons que Willermoz avait été initié Réau-Croix en 1768 soit dix ans auparavant. Il est intéressant de faire une parenthèse pour dire que d'après les recherches de V. Rijnberk il n'y a pas eu de Martinisme russe issu de Saint-Martin mais une Maçonnerie Templière réformée selon le système Lyonnais.

Pour ceux qui connaissent la valeur des structures maçonniques, il est absolument évident que ces grades créés par Willermoz, Profès et Grands Profès se sont maintenus jusqu'à aujourd'hui, même si certains maçons tentent d'afficher une incertitude qui ne trompe personne. Il convient de remarquer que cette branche, issue de Martinès, est devenue maçonnique. Il faut entendre par là que l'on peut y trouver les classes maçonniques qu'y a installé Willermoz avec beaucoup de sagesse, mais absolument pas le rite primitif de son maître. Il s'agit donc d'une adaptation des doctrines de Martinès à la F∴M∴.

## *L. -C. DE SAINT-MARTIN*

Le deuxième courant que nous allons plus particulièrement développer ici, est celui de Saint-Martin. Nombreux sont ceux qui mettent encore en doute une possible filiation entre les groupes contemporains se réclamant de Saint-Martin et leur fondateur. Cependant nous allons rapidement nous rendre compte qu'il ne s'agit là très certainement que de doutes mal informés ou mal intentionnés. Il est devenu commun de citer ce que le Comte de Gleichen écrit dans ses *Souvenirs* : "Saint-Martin avait ouvert une petite école à Paris où il était devenu son disciple."[1] Il écrit d'ailleurs à Willermoz : " *Malgré tous ces*

---

[1]. Souvenirs, Eds Techener Fils, Paris 1868, p. 155.

*motifs et quoiqu'il soit admis parmi nous, quoique même mon dessein subsiste d'établir à Paris une petite école…*". Il est évident qu'une telle mention d'école ne veut absolument pas dire qu'il procéda à des transmissions initiatiques mais simplement que des rencontres autour de cours ou exposés furent organisées. Citons de nouveau V. Rijnberk décidément très précis :

"Une autre information importante se trouve dans un article de Yarnhagen von Ense sur Saint-Martin. (…) "Saint-Martin fut attiré dans plusieurs sociétés qui tendaient ou semblaient tendre vers des connaissances supérieures. Mais son esprit supérieur découvrit bien vite leurs défauts profonds, et il se retira de toute société. Il décida plutôt de fonder lui-même une société (communauté) dont le but ne serait que la spiritualité la plus pure, et pour laquelle il commença à élaborer à sa guise les doctrines de son Maître Martinez…"

"Mais la fondation de sa société ne s'effectua que lentement : Il n'accepta que peu de membres, et en usant d'une très grande prudence. Dans tout cela beaucoup de choses sont restées obscures et qu'on ne pourra peut-être jamais éclaircir. La nouvelle société me semble n'avoir eu au commencement que la forme d'une Loge maçonnique ordinaire : le but des grands voyages qu'il fit plus tard, a été probablement de lui procurer une participation plus étendue." On le voit, les détails que Varnhagen von Ense donne sur la prétendue société de Saint-Martin sont très restreints, mais on ne peut nier leur parfaite cohérence avec la sensibilité de cette époque. il est tout à fait concevable que des hommes sérieux et bien renseignés sur leur temps aient parlé de l'existence de cette société comme d'une chose certaine et vérifiée."[1]

"On s'est toujours étonné et à juste titre que le Philosophe inconnu ait pensé à distribuer ce grade (S. I.) à ses disciples. Or, suivant ce que j'ai exposé dans un chapitre précédent, l'explication, semble-t-il, se présente d'elle-même à l'esprit :

---

[1]. Gérard Van Rijnberk, op. Cit., 1. I, p. 113-114.

Saint-Martin n'a transmis que ce qu'il a reçu lui-même régulièrement de son propre maître. Au premier abord il peut sembler bizarre que Saint-Martin ait donné à ses disciples, comme signe de l'initiation reçue de lui, l'appellation distinctive de la dignité suprême des membres du Tribunal Souverain de l'Ordre des Élus Cohens. Mais quand on cherche à pénétrer plus à fond dans ce qui peut avoir dirigé Saint-Martin, une explication simple et vraisemblable se présente. Dans la plupart des sociétés secrètes l'initiation s'accomplit par degrés. Pour Saint-Martin la chose a dû se présenter d'une manière différente : on possède la clef des choses occultes ou on ne la possède pas. On sait ouvrir la porte intérieure de l'âme, par laquelle on communique avec les sphères de l'Esprit, ou cette porte reste close. À ces hauteurs, nulle condition, nul état intermédiaire, il n'y a qu'une alternative. L'initiation confère la possession de cette clef et le pouvoir sur cette porte ou elle y prépare. Elle est une et indivisible comme le Mystère même de l'Unité est un tout en se manifestant sous mille aspects divers. L'Initié est Roi, dans le Règne de l'Esprit, Souverain ignoré du Monde des Profanes. Ce raisonnement pourrait avoir été celui de Saint-Martin et l'aurait décidé à conférer à ses disciples, plutôt que des grades successifs, un titre unique et suprême à la fois, celui des Supérieurs Inconnus de l'Ordre dans lequel il avait lui-même reçu l'initiation. C'est ainsi que pourrait se concevoir la filiation indirecte par Saint-Martin des Martinistes modernes avec Martinès de Pasqually."[1]

Ainsi présenté il est donc tout à fait cohérent qu'un dépôt se soit perpétué à la mort de Saint-Martin. Il va nous appartenir ensuite de comprendre ce qu'a pu être le Martinisme propre à son inspirateur. Nous parvenons ici très exactement à ce qu'ont rapporté les fondateurs de l'Ordre Martiniste structuré à une époque où les informations et documents n'étaient pas encore découverts. Il convient de préciser aussi, et ce détail n'est pas sans importance, que toute tradition possède une histoire réelle

---

[1]. Ibid, p. 117.

et une histoire mythique non moins réelle, n'obéissant pas aux mêmes règles que la précédente.

Papus tout d'abord rapporte "qu'Henry Delaage[1], connu comme auteur de plusieurs œuvres spiritualistes quand il sentit approcher la mort, fit appeler à son chevet le jeune docteur qu'il avait retenu comme digne de recevoir le dépôt initiatique qu'il voulait transmettre. Ce dépôt était constitué "par deux lettres et quelques points"[2].

Combien ont été nombreux les détracteurs de Papus ironisant sur son imagination fébrile et sa volonté de créer ce qu'il ne détenait pas réellement. Mais ceux qui se sont intéressés à la vie et au caractère de Gérard Encausse il apparaît qu'un Maître tel que lui, Grand-Maître d'un grand nombre d'Ordres connus ou encore aujourd'hui peu connus n'avait absolument pas besoin d'imaginer un Ordre ou une filiation nouvelle. Il aurait pu tout aussi bien créer une structure Elus-Cohen ou Égyptienne complètement personnelle s'il l'avait désiré. Or son dépôt réel nécessitait cette réunification. L'histoire nous fournit pour nous assurer de cette réalité une autre filiation reliant Saint-Martin et Augustin Chaboseau en passant par l'Abbé de La Noûe, Henri de LATOUCHE (Hyacinthe THABAUD, 1785-1851) et Adolphe DESBAROLLES[3] pour

---

[1] DELAAGE (Henry, vicomte de) (1825-1882). Petit-fils de CHAPTAL, grand physicien. Disciple avec Auguez d'Henri-Alphonse Esquiros. Chiromancien amateur, il avait pratiqué le magnétisme et parlé de Swedenborg avec Balzac. Politicien et journaliste, il eût parfois le mot vif et mordant au besoin. Ses œuvres sont consacrées à la défense du magnétisme et du catholicisme. Il entra en relations avec Eliphas Lévi vers 1860.

[2]. Ibid, p. 117.

[3] DESBAROLLES Adolphe :(22/08/1801 Paris - 13/02/1886 Paris). Comte d'Autencourt, initiateur d'Augustin Chaboseau au Martinisme. Initié au Tarot par les bohémiens endant un voyage accompli en Espagne en 1847. On cite de lui plusieurs tableaux : " L'Auberge d'Alcoy" (1850) ; " un Prêche Breton" dans l'église de Sainte-Croix, à Quimperlé (1852). Comme écrivain, DESBAROLLES a publié " Un Mois de Voyage en Suisse"

ne citer qu'eux. C'est de la rencontre de ces deux détenteurs des enseignements et héritage de Saint-Martin que naquit le premier Suprême Conseil de l'Ordre Martiniste que l'on a coutume d'appeler l'Ordre Martiniste de Papus, fondé pour sa part en 1888 sur l'initiative de Papus. Il est bien évident que ces deux filiations ne furent pas les seules.

Pour mémoire rappelons que les douze membres du Suprême Conseil de 1891 furent : Stanislas de Guaïta, Lucien Chamuel, Paul Sédir, Paul Adam, Maurice Barrès, Julien Lejay, Georges Montière, J. Burget, Barlet, Péladan, Chaboseau et Papus. (Cf notamment " Cahier n°1" de l'O. M. Papus, p. 6)

Barrès et Péladan furent remplacés après leur départ du Suprême Conseil par Marc Haven et par Victor-Emile Michelet.

Pendant un an les initiations furent transmises sans rituel et ce n'est que de 1887 à 1890 que les cahiers d'initiation élaborés par Stanislas de Guaïta virent le jour. Des différents membres du conseil, plusieurs Ordres de sensibilités différentes se créèrent à la mort de Papus. Citons par exemple l'Ordre Martiniste Traditionnel de V. E. Michelet, l'Ordre Martiniste de Bricaud, l'Ordre Martiniste et Synarchique de Blanchard, etc. Nous ne détaillerons pas ici l'histoire de ces diverses branches, ce qui sortirait du cadre de notre ouvrage mais nous avons joint un tableau récapitulatif en annexe.

Ayant exposé ici les éléments les plus indispensables à la connaissance de Martinès nous allons maintenant nous limiter à l'analyse du courant martiniste découlant de Saint-Martin et de Papus en cherchant à définir ce qui constitue selon nous l'esprit du Martinisme. Définissant l'arbre martiniste nous découvrirons son extraordinaire solidité, sa respectable

---

(1840) ; " Deux Artistes en Espagne" (1855). Mais c'est surtout comme chiromancien qu'il se fit connaître avec son livre " Les Mystères de la Main" (1859). Il fut par ailleurs l'ami et le premier disciple d'Eliphas Lévi.

ancienneté mais aussi ses faiblesses qui en sont la contrepartie humaine. Nous pouvons dire en effet qu'il y eût et qu'il y a autant de Martinismes que de martinistes et autant de sensibilités que d'Ordres. Il est donc important de parvenir à clarifier cette scène et cette philosophie occulte pouvant demeurer complexe pour le profane.

## FACETTES DU MARTINISME

La première question que l'on peut se poser est celle du choix du fondateur de cette tradition. Nous pourrions très bien et d'une manière justifiée, décider que le seul Martinisme authentique est celui qui découle de Martinès de Pasqually. Son système de grades et d'enseignements théoriques et pratiques deviendrait notre credo et nous deviendrions alors *Martinésistes*. Les autres mouvements pourraient nous apparaître comme des déviations, comme des "réunions de vieilles dames frappées de philippisme aigüe" (allusion au Maître Philippe de Lyon don nous parlerons plus loin) pour reprendre des mots entendus.

Toutefois, certains parviendront à progresser en se pénétrant des doctrines et pratiques de la voie noble mais peut-être risquée de Martinès. Dans cette démarche qualifiée par beaucoup d'extérieure, les noms des anges et des démons leurs deviendront sans doute plus familier que celui du Christ. Il est facile d'imaginer quel sera de ce point de vue le sourire condescendant des théurges agissant en " dignes fils " du créateur face à ces adeptes d'une voie mystique essayant de vivre selon l'appel de leur cœur.

Si au contraire Saint-Martin nous semble incarner le véritable Martinisme, alors la pratique de sa voie nous conduira à une autre perspective. Que ce soit par l'initiation ou non, ce cheminement intérieur poussera le martiniste à quitter la pompe des rites. Il mettra évidemment en garde quiconque voulant s'approcher de cette "damnée" voie extérieure, appelée parfois "voie opérative", voie magique et pour le Saint-

Martinien voie de la "perdition". Il semble évident pour ce dernier qu'il suffit d'apprendre à ouvrir son cœur, à vivre en esprit et en vérité, quitte à réinterpréter les textes de la tradition chrétienne. Malgré ces travers, cette voie nous semble se rapprocher davantage de ce que l'on entend habituellement par Martinisme.

Cela tient à deux choses principales :

- Des rites sont utilisés mais demeurent essentiellement symboliques. Ils sont destinés à nous mettre en condition intérieure afin de débuter un travail ou recevoir un enseignement. Il n'y a donc pas d'appels angéliques, pas d'attouchements surnaturels, pas de "passes" mystérieuses. L'initié œuvre dans le domaine mystique.

- La deuxième raison découle du fait que la voie de Saint-Martin est considérée comme très accessible et se rattachant au christianisme. C'est évidemment la vision que les "ésotéristes" ont gardée de Saint-Martin. Il semble évident de considérer que l'opinion des philosophes serait sensiblement différente.

En ce qui concerne Papus le problème est un peu plus délicat, car beaucoup des Ordres martinistes contemporains ont déformé ou diminué l'importance et la réelle valeur de son œuvre martiniste. Ainsi son apport est souvent considéré comme trop maçonnique ou trop ancien. Paradoxe incroyable puisque c'est justement cette structure qui a pu garantir une telle longévité. Or le système élaboré par Papus existe maintenant depuis un siècle alors que celui de Martinès ne fonctionna véritablement que huit ou neuf ans ! On comprend que la construction de ce rénovateur est en réalité un édifice très important et de grande valeur que l'on aurait tort de négliger ou de simplifier.

Il serait tentant de ne voir dans ces différentes étapes qu'une évolution de la doctrine martiniste et non une opposition ou des divergences. Or nous allons nous rendre compte que cette attitude serait trop réductrice. Il y a dans cette tradition une unité autour d'un point commun que nous cherchions à vous faire percevoir dans l'introduction. Un point indéfinissable, une source inconnue éclaire et alimente le Martinisme dans ce qu'il a de plus pur et de plus noble, conditionnant l'appel des futurs initiés. La plupart des martinistes n'ont jusqu'à aujourd'hui recherché leur unité qu'auprès des divers fondateurs que nous venons de citer. Or, bien qu'ils aient été les dépositaires de cette tradition, ou ceux qui l'ont adapté à une époque donnée, ils en ont en réalité extériorisé différents aspects sans toutefois en dévoiler la totalité. Il est en effet absolument indispensable, pour parvenir à la source de cette tradition de tenter de se détacher des diverses personnalités qui ont élaborés son existence visible. Si nous n'accomplissons pas ce mouvement de retrait nous deviendrons malgré nous martinésistes, Saint-Martiniens ou Papusiens, mais nous ne saurons jamais vraiment ce que l'ont peut entendre par martinistes. Si nous nous préoccupons davantage du visible que de l'invisible, nous nous limitons à une étude structurelle ou historique et ne pourrons comprendre le cœur du Martinisme. Il n'y a ainsi à nos yeux aucune différence dans cette nécessité, entre celui qui cherche à savoir ce qu'est le Martinisme et celui qui a déjà franchi les portails de l'initiation.

On imagine facilement les rivalités qui peuvent découler de l'identification inconsciente à un des modèles martinistes précédents... Mais pouvons-nous assurer la supériorité de l'une ou l'autre de ces visions vis-à-vis de l'initiation martiniste ? Autrement dit, existe-t-il une véritable réponse à cette question ?

Nous pensons que quiconque revendique l'exclusivité de l'héritage de son fondateur comme le seul Martinisme, se retranche immédiatement de ce courant. Aucun n'est ou ne devient martiniste par la simple étude ou initiation dans l'école se réclamant de l'un ou l'autre des Maîtres fondateurs. Cela signifie que le candidat peut très bien se faire initier sans pour cela ne jamais parvenir à comprendre ou à pénétrer ces mystères. D'un autre côté, il n'est pas impossible qu'une âme sincère aboutisse au cœur du courant martiniste en n'ayant pas ou peu fréquenté les dits cercles. Le Martinisme n'est donc pas une école dans laquelle on pénètre par le simple fait d'un "rite de passage". Le martiniste se rencontre dans la vie, à la ville ou à la montagne et pourquoi pas à l'église.

Ce point de vue peut sembler paradoxal. En effet où trouver le Martinisme et comment s'y initier si les écoles existantes ne nous garantissent pas la justesse de leur héritage ? Que doit faire celui qui ressent l'appel martiniste ? Faut-il qu'il renonce à son désir ? Pour pouvoir répondre à ces questions, il est nécessaire de percer l'écorce extérieure pour parvenir au cœur qui palpite sous le manteau et qui maintient la flamme allumée depuis plus de 200 ans.

Il convient que nous reconsidérions l'essentiel des doctrines et pensées de Martinès de Pasqually, de L.-C. de Saint-Martin et de Papus sans les déformer au gré des nécessités politiques ou partisanes. Nous allons donc dégager une idée synthétique aussi juste que possible de l'esprit et de la volonté de ces trois hommes au sein de leur époque afin de parvenir à reconstituer ce que nous appelons le cœur du Martinisme et qui en fait sa vie propre.

# 2° PARTIE - DOCTRINES MARTINISTES

## La doctrine Martinésiste

Il convient de débuter par une présentation succincte de la doctrine de Martinès de Pasqually. Nous vous renvoyons pour des compléments d'analyse aux auteurs français de référence, Robert Amadou, Serge Caillet et Antoine Faivre.

G. Van Rijnberk présente ainsi l'enseignement de Martinès : "Pour se former une idée de son enseignement il nous reste trois sortes de documents : 1° Son "Traité de la Réintégration des Êtres dans leurs premières propriétés, vertus et puissances spirituelles et divines" ; 2° Les rituels et catéchismes de son Ordre des Élus Coens ; 3° Les lettres sur les opérations magiques adressées par le Maître à Willermoz.

Le Traité contient la doctrine secrète (qui était réservée uniquement aux Réau-Croix de l'Ordre) : Il traite de la chute de l'esprit, de la chute de l'Homme dans la matière, de l'Histoire occulte du Cosmos et de la Terre, du rôle ésotérique du Mal et des puissances démoniaques, et enfin de la possibilité d'un retour de l'humanité à son premier état de gloire.

Les rituels et catéchismes de l'Ordre exposent cette même doctrine, mais en la voilant sous les broderies et ornements de détails mythiques suivant le procédé maçonnique. Ils enseignent également comment l'homme peut se purifier et essayer de se rendre digne de jouir, après la mort, de la totalité de ses privilèges primitifs.

Enfin les lettres de Willermoz enseignent les moyens théurgiques pour se mettre en rapport avec les esprits des sphères supérieures et suprêmes."[1]

Vous trouverez une très intéressante synthèse dans l'ouvrage de Denis Labouré intitulé " Martinès de Pasqually " paru aux Editions SEPP, pp 18 à 22. [2]" La doctrine de Martinès est une doctrine de la réintégration des êtres. Réintégration implique expulsion préalable, drame et dénouement. Par le culte et les pratiques opératives (évocations), l'homme doit obtenir sa réconciliation avec Dieu, puis sa réintégration en son état primitif." Il est intéressant de remarquer que cette doctrine pourrait par certains points se rapprocher des conceptions hermétiques de la tradition néoplatonicienne. Toutefois le discours est souvent confus, lourd et surchargé de tournures alambiquées. On ne retrouve rien du style qui fut celui des auteurs grecs ou romains. Pour Martinès, Dieu a émané des êtres spirituels dont certains vont céder à l'orgueil et cherchant à égaler Dieu vont devenir eux-mêmes créateurs. Pour les punir, le Créateur les bannit du monde spirituel dans lequel ils se trouvaient. Dieu créa ensuite un androgyne, Adam, pour dominer ces esprits. Mais il devint à son tour la victime en voulant à son tour créer. Il fut alors exilé sur la terre sans contact avec Dieu et devra à partir de ce moment-là utiliser des esprits intermédiaires pour retrouver cette communication avec son Créateur et se réconcilier avec lui. C'est l'objet de toutes les opérations de théurgie enseignées par Martinès. Il pourra ensuite être réintégré dans sa forme et ses fonctions originelles et entraîner à sa suite toutes les créatures encore coupées de Dieu. Bien évidemment bon nombre de détails et d'épisodes enrichissent ce mythe et en structurent les pratiques théurgiques. Ainsi sont présentées sous une forme très simple la doctrine et les idées de Martinès. Saint-Martin va,

---

[1]. Ibid, p. 43.

[2] Martinès de Pasqually - Aux origines du RER : martinézisme et martinisme, Denis Labouré, SEPP, Paris, 1996.

comme nous l'avons dit, rejeter la voie extérieure sans pour cela la renier. Il reconnaîtra cependant toujours la valeur et l'efficacité des études et enseignements de son maître mais jugera cette voie trop dangereuse. Sa sensibilité le guidera donc vers d'autres horizons. Sa doctrine resta toutefois la même sur le fond, c'est-à-dire sur les conceptions de la chute de l'esprit et de l'homme dans la matière et la possibilité d'un retour de l'humanité à son premier état de gloire. C'est le chemin plus connu sous le nom de *réintégration* ou selon les mots des Réaux+Croix, celui de la réconciliation.

# LE SIÈCLE DES LUMIÈRES

Avant d'aborder plus précisément la doctrine de Saint-Martin il est utile de dire quelques mots situés du contexte culturel et religieux de son époque. Replaçons-nous donc pour quelques instants plus dans ce XVIIIe siècle, siècle des "Lumières".

"Les Lumières, l'Illuminisme : dans la plupart des langues européennes, une même métaphore, qui souligne la fin des "Ténèbres", sert à désigner la culture du XVIII$^{ème}$ siècle. Le triomphe du rationalisme et de l'esprit critique, dont les philosophes se font les champions, couronne l'évolution intellectuelle de l'époque moderne ; selon le mot de d'Alembert, "on a commencé par l'érudition (XVI$^{ème}$ siècle), continué par les Belles Lettres (XVII$^{ème}$ siècle) et fini par la philosophie (XVIII$^{ème}$ siècle)".[1]

"Le premier chef de file du mouvement de cette philosophie est un magistrat bordelais, président à mortier au parlement de Guyenne, Charles de Secondat, baron de Montesquieu (1689-1755), qui dresse en 1721, dans les "Lettres Persanes", une spirituelle satire des institutions et des moeurs de son pays, présentée sous la forme amusante d'une correspondance entre Persans." (...) "La grande œuvre de Montesquieu reste

---

[1]. N. Denis, M. Blayon, Le XVIII° siècle, Eds Armand Colin C. U., p. 53.

"L'Esprit des Lois" (1748) qui propose une analyse systématique de tous les régimes politiques. Le gouvernement républicain qui repose sur la vertu ; le gouvernement despotique qui repose sur la crainte ; le gouvernement monarchique qui repose sur l'honneur. C'est à cette monarchie modérée de type anglais où la liberté est assurée par la séparation des trois pouvoirs, exécutif, législatif et judiciaire, que va en appeler Montesquieu se reconnaît dans François-Marie Arouet, fils d'un notaire parisien qui prend le pseudonyme de Voltaire (1694-1778) (...) Le talent polémiste de Voltaire se manifeste en particulier au détriment de la religion, assimilée à la superstition et au fanatisme. (...) S'il est particulièrement hostile au cléricalisme, aux discussions théologiques et aux religions établies il n'en est pas moins déiste et attaché à la religion naturelle. Voltaire accepte la monarchie absolue, pourvu qu'elle respecte les libertés civiles et il ne croit pas à l'égalité ; la chose la plus naturelle et en même temps la plus chimérique. (...) Il ne songe nullement à élever le peuple car "quand la populace se mêle de raisonner, tout est perdu."[1]

Du foisonnement d'idées qui accompagnent le mouvement philosophique, se dégagent quelques grands thèmes caractéristiques : "Le philosophe est d'abord un homme qui agit en tout par raison." La religion fondée sur une tradition, une écriture ou une révélation est particulièrement soumise aux feux de la critique. Les philosophes sont le plus souvent déistes ou panthéistes ; quelques-uns deviennent même athées ou matérialistes.

Un second thème omniprésent chez les philosophes est celui de la nature. Tandis que Dieu perd ses droits, la nature rentre dans les siens. Seul compte le monde qui nous entoure dans lequel l'homme tente de s'affirmer. Le but de cette morale est le bonheur humain car pour Diderot " il n'y a qu'un devoir,

---

[1]. Ibid, p. 54.

c'est d'être heureux."[1]. Et de la croyance en la bonté profonde de l'homme, il en découle une troisième, celle de progrès. Il ne s'agit là, bien entendu, que de quelques traits des mouvements de pensée de ce siècle. Sur le plan économique "malgré d'importantes nuances régionales et des inégalités de rythme, l'Europe de XVIIIème siècle connaît un véritable début de bouleversement économique, parfois désigné sous le terme de "première révolution industrielle". En réalité, les transformations, liées à un bond démographique, affectent à la fois l'agriculture, le commerce et l'industrie."[2] Au cours du XVIIIème siècle s'effectue une sorte de décollage démographique malgré la persistance d'épidémies et de disettes génératrices de paniques. Le taux de natalité reste toujours très élevé (30 à 60 %) mais la mortalité diminue, si bien que la vie humaine allonge et la population augmente. D'une manière générale, il semble que l'Européen vive plus longtemps parce qu'il se nourrit mieux. Le développement des techniques agricoles à l'aide des théoriciens qui sont en même temps plus ou moins praticiens augmente la production agricole. Quatre guerres se succèdent en Europe pendant ce siècle où les problèmes du clergé vont énormément influer sur les idées.

Parler du clergé au XVIIIème siècle implique de mentionner un courant qui n'a toujours pas disparu aujourd'hui, celui du Gallicanisme. Celui-ci fut d'une certaine manière définit par la déclaration des Archevêques et Évêques réunis à Paris par Ordre du Roi le 19 mai 1682.

Résumons ces quatre points :

" 1° Saint-Pierre et ses successeurs, vicaires de Jésus-Christ, et toute l'Église même n'ont reçu de puissance de Dieu que sur les choses spirituelles et qui concernent le salut éternel, et non point sur les choses civiles et temporelles. Nous déclarons, en conséquence, que les rois et les souverains ne sont soumis dans

---

[1]. Ibid, p. 55.

[2]. Ibid, p. 27.

les choses temporelles a aucune puissance ecclésiastique par l'Ordre de Dieu... 2° Le Saint Siège apostolique a la plénitude de puissance ainsi que les conciles généraux observés religieusement dans tous les temps par l'Église Gallicane. 3° Les règles, les moeurs et les constitutions reçues dans le royaume et dans l'Église Gallicane doivent avoir leur force et vertu, et les usages de nos Pères demeurer inébranlables. 4° Le Pape a la principale part dans les questions de foi et pourtant son jugement n'est pas irréformable, à moins que le consentement de l'Église n'intervienne.".[1]

A partir de cette déclaration, l'Église française se détermine par rapport au siège de Rome et malgré les vicissitudes de l'histoire le courant qui s'oppose aux ultramontains va rester vivant et fort jusqu'à nos jours. En 1789 les biens du clergé sont sécularisés. Juillet 1790 voit apparaître la constitution civile du clergé visant à créer une église nationale et institutionnelle. Le roi met son veto, mais un schisme se crée entre les prêtres assermentés ou jureurs et les réfractaires. En juillet 1801, Bonaparte signe avec Pie VII un concordat mettant fin au schisme constitutionnel. Le catholicisme est reconnu comme la religion de la majorité des Français. Le concordat n'est pas reconnu par plusieurs évêques qui poursuivent leur œuvre apostolique indépendamment du siège de Rome. En 1802 Bonaparte introduit dans le texte du concordat les articles rétablissant le Gallicanisme politique.

Puis 1803 voit la mort de Louis-Claude de Saint-Martin. C'est donc dans ce contexte de lutte entre trois pouvoirs que va se situer l'œuvre et l'apostolat de Saint-Martin. Lutte entre le pouvoir institutionnel, Rome et l'Église de France, respectueuse de la tradition de ses Pères et de son autonomie. La voix du *Philosophe Inconnu* va retentir, parlant philosophie aux philosophes, religion aux religieux, théosophie aux théosophes, s'élevant au-dessus de tous, ou plutôt indépendant par rapport

---

[1]. Le Gallicanisme, PUF Collect., Que sais-je, p. 93.

à tous, il ne sera reconnu que par peu, et restera jusqu'à nos jours bien ignoré.

## LA DOCTRINE MARTINISTE

Penchons-nous donne donc maintenant sur l'enseignement et la progression de la pensée de Saint-Martin. R. Amadou écrit : " Saint-Martin fut Franc-Maçon, Saint-Martin fut Elu-Cohen, Saint-Martin adhéra au Mesmérisme. Il se prêta de bonne grâce aux rites et usages de ces sociétés. Il se conduisit en membre irréprochable de fraternités initiatiques. Mais cette attitude ne représente qu'une époque de sa vie."[1] C'est là un point capital qu'il faut noter sans toutefois l'extrapoler. Le secrétaire de Martinès, praticien de la théurgie s'en est détourné. " Maître, dit-il un jour à Martinès, faut-il tant de choses pour prier Dieu ?" Cette tendance de plus en plus forte en lui l'emporta. En effet, par-dessus tout, sa quête était celle de Dieu. Sans cesse le poussera la soif du Bien, du Beau et du Vrai que Dieu seul peut étancher. Ainsi son évolution intérieure va le conduire à s'éloigner des phénomènes pour s'unir à la voie intérieure qui sera nommée plus tard, voie mystique ou cardiaque. Après avoir pratiqué les rites de Martinès, il lit les auteurs à la mode, Voltaire, Rousseau, Montesquieu dont nous parlions tout à l'heure, " écrivains fort peu mystiques." Mais Saint-Martin est devenu capable de penser par lui-même, d'élaborer son œuvre, de synthétiser sa pensée. Puis, " se produisit la révélation qui transforma sa vie : Saint-Martin découvrit Jacob Boehme."[2] Nous disons transformation mais il nous faut voir là une vraie illumination intérieure qui modifia la pensée et la vie de Saint-Martin jusqu'à sa mort. Le message de Jacob Boehme rejaillit sur le philosophe inconnu, le purifia en lui apportant une vérité qu'aucune des pratiques des Elus-

---

[1]. R. Amadou, Louis Claude De Saint-Martin, Ed. Adyar, 1946.

[2]. Ibid.

Cohens n'avait pu lui apporter. Ce fut l'apparition dans l'ésotérisme français de la voie intérieure par son œuvre tout d'abord mais aussi par la traduction qu'il fit de certaines œuvres de Boehme. Analyser en détail la pensée du Philosophe Inconnu nous emmènerait beaucoup trop loin sur cet exposé de la voie martiniste, c'est pour cela que nous allons donner la vision la plus concise possible de ce qu'était pour lui la voie intérieure, la recherche de la Sophia divine. De cette façon les grandes lignes de sa pensée seront tracées, et replacées dans sa vision personnelle. Examinons tout d'abord ce qu'il écrivit de Jacob Boehme dans l'introduction de sa première traduction :

"Jacob Boehme, connu en Allemagne, sous le nom du *Philosophe Teutonique*, et auteur de " L'Aurore Naissante", ainsi que de plusieurs autres ouvrages théosophiques, est né en 1575, dans une petite ville de la Haute Luzace, nommée l'ancien Seidenburg, d'un demi-mille environ de Gorlitz. Ses parents étaient de la dernière classe du peuple, pauvres, mais honnêtes. Ils l'occupèrent pendant ses premières années à garder les bestiaux. Quand il fut un peu plus avancé en âge, ils l'envoyèrent à l'école, où il apprit à lire et à écrire ; et de là ils le mirent en apprentissage chez un maître cordonnier à Gorlitz. Il se maria à 19 ans, et eut quatre garçons, à l'un duquel il enseigna son métier de cordonnier. Il est mort à Gorlitz en 1624, d'une maladie aiguë. Pendant qu'il était en apprentissage, son maître et sa maîtresse étant absents pour le moment, un étranger vêtu très simplement, mais ayant une belle figure et un aspect vénérable, entra dans la boutique, et, prenant une paire de souliers, demanda à l'acheter. Le jeune homme ne se croyant pas en état de vendre ces souliers, refusa de les vendre ; mais l'étranger insistant, il les lui fit un prix excessif, espérant par là se mettre à l'abri de tout reproche de la part de son maître, ou dégoûter l'acheteur. Celui-ci donna le prix demandé, prit les souliers, et sortit. Il s'arrêta à quelques pas de la maison, et d'une voix haute et ferme, il dit : " Jacob, Jacob, viens ici". Le jeune homme fut d'abord surpris et effrayé d'entendre cet étranger qui lui était tout à fait inconnu, l'appeler ainsi par son nom de baptême, mais s'étant remis, il alla à lui. L'étranger d'un air sérieux, mais amical, porta les yeux sur les siens, les fixa avec un regard étincelant de feu, le prit par la main droite. Et lui dit : "Jacob, tu es peu de chose ; mais tu seras grand, et tu deviendras un autre homme, tellement que tu seras pour le monde un objet d'étonnement. C'est pourquoi sois pieux, crains Dieu et révère sa parole ; surtout lis soigneusement les écritures saintes, dans lesquelles tu trouveras des consolations et des instructions, car tu auras beaucoup à souffrir ; tu auras à supporter la pauvreté, la misère, et des persécutions mais sois courageux et persévérant, car Dieu t'aime et t'est propice."Sur cela l'étranger lui serra la main, le fixa encore avec des yeux perçants et s'en alla, sans qu'il y ait d'indices qu'ils ne se soient jamais revus.

Depuis cette époque, Jacob Boehme reçut naturellement, dans plusieurs circonstances différentes développements qui lui ouvrirent l'intelligence sur les diverses matières, dont il a traité dans ses écrits."[1]

Nous sommes ici dans un cadre tout à fait différent que celui qu'il connut avec Martinès. Il ne s'agit pas ici d'un théoricien de l'occulte ou d'un maître savant en connaissance magique, mais d'un simple cordonnier, d'un homme sans grandes connaissances intellectuelles. Il faut bien réaliser que dans la pensée du XVIII$^{ème}$ siècle un tel homme tranche sur le milieu ésotérique ou mystique. Nous ne trouvons point d'initiations cérémonielles et savantes ; seule la rencontre entre deux hommes, un cordonnier et un étranger qui lui ouvrit ou lui révéla la porte unique menant au royaume de l'Esprit. Jaillissent alors par cette ouverture toutes les connaissances extraordinaires de ce mystique qui illuminèrent bon nombre d'individus et en particulier Saint-Martin. Ainsi le message du cordonnier de Gorlitz va guider sa pensée, l'orienter, le

---

[1]. Jacob Böhme, L'aurore naissante ou la racine de la philosophie, de l'astrologie et de la théologie, traduit de l'allemand par le Philosophe Inconnu, Ed. Arché 1977, p. 7-8.

soutenir dans sa recherche et lui ouvrir les portes de " l'au-delà de l'esprit" hors des écueils des philosophes. Point important de la doctrine, la Sophia va se situer au centre du débat entre plusieurs théosophes de ce siècle. Citons pour situer cette idée un fragment du livre des Proverbes VIII-22. 23 et 30. 31 "L"Éternel me possédait au commencement de son activité. Avant ses œuvres les plus anciennes. J'ai été établie depuis l'éternité. Dès le commencement, avant l'origine de la terre. [...] J'étais à l'œuvre auprès de lui et je faisais de jour en jour ses délices, jouant devant lui tout le temps, jouant sur la surface de la terre, et trouvant mes délices parmi les êtres humains." Dans cette perspective, Koyré écrit : " La sagesse divine est, pour ainsi dire, le plan, le modèle préexistant de la création. Elle ne crée pas elle-même, elle n'engendre pas. Elle n'est que le monde idéal ou son image. Un idéal et non une fiction, et c'est pourquoi elle possède une certaine réalité ; elle représente l'harmonie des puissances créatrices de Dieu..." Boehme écrit : " Cette vierge est une similitude de Dieu, son image, sa Sagesse dans laquelle l'esprit se voit et dans laquelle l'Éternel révèle ses merveilles.".[1] " La Sagesse divine appelée encore Sophia, Verbe éternel, Gloire et Splendeur de Dieu, est donc un miroir, un quatrième terme que Dieu s'oppose pour pouvoir s'y réfléchir, se réaliser et prendre pleine conscience de soi-même".[2]. Dans l'introduction au " Ministère de l'Homme-Esprit" (Paris 1802) il résume avec une remarquable clarté les bases de cette tradition sophiologique occidentale ; représentant l'essentiel de l'idée que Saint-Martin se fait de cette notion, ce texte est d'une grande importance : " La nature physique et élémentaire actuelle n'est qu'un résidu et une altération d'une nature antérieure, que J. Boehme appelle l'éternelle nature ; (...) cette nature actuelle formait autrefois

---

[1]. Psychologia Vera, question 1-48, cité par A. Faivre dans osn ouvrage : Kirchberger et l'illuminisme au XVIII° sicèle, Archives internationales d'histoire des idées, Martinus Nijheff, Lahaye, 1966.

[2]. A. Faivre, Op. Cit., p. 163-164.

dans toute sa circonscription, l'empire et le trône d'un des princes angéliques, nommé Lucifer ; (...) ce prince ne voulant régner que par le pouvoir du feu et de la colère, et mettre de côté le règne de l'amour et de la lumière divine, qui aurait dû être son seul flambeau, enflamma toute la circonscription de son empire ; (...) la sagesse divine opposa à cet incendie une puissance tempérante et réfrigérante qui contient cet incendie sans l'éteindre, ce qui fait le mélange du bien et du mal que l'on remarque aujourd'hui dans la nature." " L'homme, explique ensuite Saint-Martin, est placé dans la nature pour contenir Lucifer dans l'élément pur ; il est formé du feu, du principe de la lumière, " et du principe quintessentiel de la nature physique ou élémentaire." Pourtant, il se laisse " plus attirer par le principe temporel de la nature que par les deux autres principes", et tombe dans le sommeil et la matière. (...) " Les deux autres teintures, l'une ignée et l'autre aquatique, qui devaient être réunies dans l'homme, et s'identifier avec la Sagesse ou la Sophie - mais qui maintenant sont divisées - se recherchent mutuellement avec ardeur, espérant trouver l'une dans l'autre cette Sophie qui leur manque."[1]

Ainsi la sagesse divine se trouve être placée à un endroit clef puisque l'homme doit s'identifier à elle pour retrouver le principe de la Lumière.

" L'homme découvrant la science de sa propre grandeur, apprend qu'en s'appuyant sur une base universelle, son Être intellectuel devient le véritable Temple, que les flambeaux qui le doivent éclairer sont les lumières de la pensée qui l'environnent et le suivent partout ; que le Sacrificateur, c'est sa confiance dans l'existence nécessaire du Principe de l'ordre et de la vie ; c'est cette persuasion brûlante et féconde devant qui la mort et les ténèbres disparaissent ; que les parfums et les offrandes, c'est sa prière, c'est son désir et son zèle pour le règne de l'exclusive Unité ; que l'autel, c'est cette convention

---

[1]. Ibid., p. 167.

éternelle fondée sur sa propre émanation, et à laquelle Dieu et l'Homme viennent se rendre, pour y trouver l'un sa gloire et l'autre son bonheur ; en un mot que le feu destiné à la consommation des holocaustes, ce feu qui ne devait jamais s'éteindre, c'est celui de cette étincelle divine qui anime l'homme et qui, s'il eut été fidèle à sa loi primitive, l'aurait rendu à tout jamais comme une lampe brillante placée dans le sentier du trône de l'Éternel, afin d'éclairer les pas de ceux qui s'en étaient éloignés ; parce qu'enfin l'homme ne doit plus douter qu'il n'avait reçu l'existence que pour être le témoignage vivant de la Lumière et de la Divinité."[1]

Cette citation du *Tableau Naturel*, nous montre très clairement la démarche de Saint-Martin. Tous les aspects visibles et extérieurs, des flambeaux, des parfums, des offrandes, de l'autel sont intériorisés. La démarche ne consiste pas à poursuivre sa quête par l'intermédiaire des rites visibles, mais de commencer par le cheminement intérieur menant au trône de gloire où siège le fils de Dieu et de s'élever ensuite par la voie droite jusqu'à l'Éternel présent en nous. Cette démarche va être celle du Philosophe Inconnu mais sans demeurer une pure spéculation. Elle va devenir une élévation intérieure par la prière, le zèle et le désir de l'unité en Dieu. Quelques phrases du " Ministère de l'Homme Esprit" illustrent cela fort bien :

" D'un côté la magnificence de la destinée naturelle de l'homme est de ne pouvoir réellement et radicalement appéter par son désir la seule chose qui puisse réellement et radicalement tout produire. Cette seule chose est le désir de Dieu ; toutes les autres choses qui entraînent l'homme, l'homme ne les appète point, il en est l'esclave et le jouet. D'un autre côté, la magnificence de son ministère est de ne pouvoir réellement et radicalement agir que d'après l'Ordre positif à lui prononcé à tout instant, comme maître à son serviteur et cela

---

[1]. Cité dans : Du Martinisme et des Ordres martinistes, J. Boucher, Ed. Dervy, 1953, p. 16-17.

par la seule autorité qui soit équitable, bonne, conséquente, efficace et conforme à l'éternel désir."[1]

Celui qui ressent cet appel, cette volonté de fouler le sentier ascendant devient ainsi un *homme de désir*, animé du désir de Dieu. Ce sentier menant à l'initiation spirituelle devient avec Saint-Martin une voie de prière et d'ascèse, tout à fait indépendante des voies extérieures connues à cette époque. Elle ne rejette rien et même si dans un rituel symbolique un flambeau est allumé il ne devient pas en priorité un support magique, mais la matérialisation d'un état intérieur. Cela n'empêche pas Saint-Martin d'étudier l'univers d'une manière qui nous semble aujourd'hui très moderne et nous en n'en citerons que quelques phrases pour preuve : " Il est incontestable que la matière n'existe que par le mouvement, car nous voyons que quand les corps sont privés de celui qui leur est accordé pour un temps, ils se dissolvent et disparaissent insensiblement (...) Il est évident que l'étendue n'existe que par le mouvement..."[2]

Par une image célèbre, l'univers est alors comparé à un livre : " la cause première ou Dieu étant l'écrivain, la nature étant le livre écrit et l'homme le lecteur. Mais ce lecteur ne comprend pas ou comprend mal bien souvent, le sens exact des pages du livre. Il faut pour en avoir l'intelligence de patientes méditations."[3]

Il est absolument évident aujourd'hui pour tout le monde, que Saint-Martin est l'inspirateur par excellence d'une voie intérieure issue de Jacob Boehme. Il est encore plus classique d'opposer celle-ci, comme nous l'avons fait, à la voie extérieure de Martinès bien souvent dans le but, de la rejeter ou de la discréditer. Mais pour certains la pratique mystique se limite à

---

[1]. Ibid, p. 14.

[2]. Ibid, p. 14.

[3]. Ibid, p. 17.

l'observance d'une voie passive, statique, immobiliste qualifiée de " Martinisme et voie cardiaque". Qu'appelons-nous, un immobilisme mystique ? Cette pratique ou cet état d'esprit consiste, sous le prétexte d'une pratique intérieure, à se contenter de subir les événements, à confondre prière et vigilance intérieure avec la méditation passive et stérile. Croire que l'on peut, dans cette voie, avancer vers Dieu en cultivant une telle attitude mentale est très certainement une erreur. Nous ne dirions pas la même chose si nous parlions d'une autre voie. Mais nous décrivons ici ce qu'est le Martinisme et non telle ou telle école orientale, qui a bien évidemment une valeur indéniable.

Les hommes de désir dont parle Saint-Martin sont des hommes d'action, de feu et non des fatalistes choisissant une attitude fuyante et condescendante face à la vie et à ses circonstances. Ils ne se laissent pas submerger par les impressions ou les influences de l'invisible. Ils ont en eux le désir de Dieu, le désir de la connaissance et de la sagesse. Ils ne se laissent plus ballotter par cet océan que sont l'univers et la vie. Le martiniste se lève et s'avance vers la porte. L'Evangile ne dit-elle pas " Frappez et l'on vous ouvrira" ?

L'homme de désir est un homme d'action, mais non, selon la voie de Saint-Martin, un magicien. Toutefois, comme nous venons de le dire, Saint-Martin ne préconise pas la voie passive, mais *la voie intérieure !* L'on a trop cru que si la voie était intérieure elle devenait méditation passive, distincte de l'action extérieure, voie de Martinès. *Or il n'en est rien.* Il suffit de se pencher sur la vie de Maître Philippe de Lyon pour réaliser ce que Saint-Martin désirait. L'homme tourné vers ses semblables les aide réellement, à tout instant, non pas seulement par les plans invisibles - ce qui serait trop facile - mais par sa présence effective auprès de ceux qui souffrent. La voie intérieure se développe quant à elle par la prière, par l'oraison, par la retraite dans son temple intérieur.

La voie cardiaque du Philosophe Inconnu est paradoxalement une voie qui se situe autant dans le visible que dans l'invisible.

C'est une voie de désir comprise comme un pur dynamisme, une volonté.

Ce n'est pas couvert de ses symboles rituels et habillé de blanc, que le Supérieur Inconnu va se présenter auprès des malades du corps et de l'âme, mais voilé, inconnu, agissant par l'intermédiaire du cœur qui parle le langage de l'amour. Nulle trace de passivité dans cet homme de désir qui peut s'élever, méditant en lui-même les écritures saintes, la voie des anciens, recherchant l'union avec Dieu. L'action extérieure ne sera que la matérialisation d'un état intérieur ; " cherchez le royaume de Dieu et le reste vous sera donné par surcroît..."

Ainsi définie, la voie martiniste se découvre sous une nouvelle orientation, avec une force et une grandeur qui est loin d'avoir disparue, bien qu'elle soit parfois difficile à reconnaître. Saint-Martin écrivit des livres que l'on aurait grand intérêt à étudier même s'ils peuvent nous paraître ardus. Un message, un vécu et une voie y sont contenus qui ne peuvent qu'attiser en nous la flamme qui y sommeille. Mais si Saint-Martin a écrit nous avons pu voir qu'il a aussi transmis, " deux lettres et quelques points" disait Papus ; mais aussi un influx, une initiation. C'est l'ouverture d'une porte, celle de S. I., Supérieur Inconnu, Serviteur Inconnu - qu'importe le terme - la porte du cœur, que la tradition martiniste a perpétué. Ouverture soit, mais aussi transmission d'un esprit, d'une concrétisation symbolique et par-delà les deux lettres, de quelques lumières supplémentaires. Le dépôt de Saint-Martin était sauvé, Papus et d'autres pouvaient, 80 ans plus tard, le réveiller en lui donnant une forme et un contenu supplémentaire.

## LE MARTINISME PAPUSIEN

Nous n'allons pas faire ici une nouvelle et complète biographie de Papus. Nous vous renvoyons simplement aux ouvrages rédigés sur cet étonnant personnage, par exemple, l'introduction du livre " A. B. C. illustré d'occultisme" de

Papus, éditions Dangles, où le fils de Papus, Philippe Encausse trace les grandes lignes de la vie de son père. D'une manière plus complète vous pouvez vous reporter au livre de Philippe Encausse uniquement consacré à Papus,[1] ainsi qu'à la récente biographie de Marie-Sophie André et Christophe Beaufils " Papus.[2]".

Rappelons simplement que né en 1865 à La Corogne en Espagne d'un père français et d'une mère originaire de Valladolid, Gérard Encausse passa son enfance à Paris. Étudiant en médecine il s'intéressa très tôt aux sciences hermétiques et ses extraordinaires capacités le placèrent très rapidement au premier rang des mouvements occultistes de son époque. Médecin, mage et mystique il se dévoua entièrement à sa mission terrestre jusqu'à sa mort le 25 octobre 1916.

Devant la personnalité de Papus, les avis divergent et s'opposent. Pour tous les occultistes ou étudiants de ces sciences, il est évident que cet homme fut un génie qui étudia, pratiqua et oeuvra dans le monde tout en écrivant une somme considérable d'ouvrages qui font encore autorité en ce domaine. Bien peu se sont sacrifiés comme lui à l'œuvre qu'il avait entreprise et son charisme attira près de lui des chercheurs et des mystiques extraordinaires.

Papus, c'est l'âge d'or de l'occultisme ; c'est l'homme qui tenta de donner ses lettres de noblesse aux sciences dites occultes. Il est celui qui voulut faire des martinistes des ouvriers sérieux et estimés. Il était l'homme de l'action et celui de la prière et semble synthétiser et organiser en lui une myriade de courants jusque-là dispersés.

---

[1]. Philippe Encausse, Papus, sa vie, son œuvre.

[2] ANDRE (Marie-Sophie) et BEAUFILS (Christophe), *Papus*, Paris, Berg International Editeurs, 1995

Il est dans un certain sens le héros de cette période de l'histoire occulte, l'homme auquel bon nombre de sociétés et d'étudiants doivent beaucoup. Mais s'il est le fondateur, le héros disions-nous, il en engendre indirectement tous les défauts. En effet, les Frères qui l'entouraient à cette époque-là, formaient avec lui un groupe solide, cohérent et actif. Nul ne craignait de se mettre à l'œuvre, de " soulever des montagnes." Le travail était à faire et ils le firent au côté de leur Maître et ami. L'étude chez eux était affaire de tous les instants. Ils appliquaient dans leur vie, les idées et la conduite issues de leurs études et de leur démarche. Des rites, des catéchismes étaient à établir, ils le firent ; mais ce n'était pas pour eux un travail, un labeur avec tout le côté péjoratif que notre époque a mis sur ce mot. C'était tout au contraire la conséquence naturelle de leur vie d'homme de désir. Il s'agissait de travailler, de rechercher l'illumination pour pouvoir guider ses Frères.

Papus, au milieu d'eux, était le guide, le Maître, l'ami et le Frère. De tels efforts apparaissent trop souvent aujourd'hui inutiles ou surannés. Il est certainement beaucoup plus facile de critiquer ceux qui agissent et œuvrent que de construire soi-même.

Papus s'est trouvé peu à peu repoussé au rang des antiquités, à cette période de rêve ou une étude personnelle et synthétique était encore possible.

Avant d'approcher d'un peu plus près la création et l'apport de Papus, écoutons ce qu'il demandait à ses membres dans l'appendice du " Rituel de l'Ordre Martiniste" publié en 1913.

" Pour le Martiniste, il est inutile de s'attarder sur les commencements des études psychiques, alors que les hommes de science ou les esprits " positifs" qui débutent dans l'étude de l'occultisme passent la plus grande partie de leur temps pour savoir si les faits de magnétisme et de médiumnité sont exacts, le Martinisme les considère comme acquis.

Il laisse donc aux autres ces discussions enfantines sur la bonne foi des médiums et sur le sommeil réel de sujets : il s'occupe de problèmes plus élevés.

C'est ce qu'il faut aux Martinistes, c'est d'abord une idée générale de l'occultisme, dans ces deux traditions principales d'Occident ou Kabbalistique de l'Orient ou sanscrite, issues du reste toutes deux de l'antique Égypte.

Il faut ensuite aux martinistes des outils positifs d'investigation des sciences antiques, de manière à pouvoir vérifier les noms propres et les mots sacrés employés.

Ces outils, ce sont les langues sacrées de l'antiquité, ou, plutôt, leurs premiers éléments, de manière à pouvoir vérifier chaque terme dans un dictionnaire. Le martiniste devra donc étudier trois alphabets : 1° l'alphabet hébreu ; 2° L'alphabet sanscrit ; 3° l'alphabet égyptien.

Une fois en possession de ces outils, il faudra les appliquer à l'étude de la kabbale et de l'hermétisme, puis à l'étude du symbolisme et de la Franc-Maçonnerie dans ses divers rites.

C'est alors que le martiniste sera mis à même d'appliquer ses connaissances en agissant sur le plan invisible. Le mysticisme, la théurgie et la psychologie devront attirer spécialement son attention.

Les livres ne sont que des instruments destinés à guider la méditation cérébrale et à préparer la digestion ou l'assimilation intellectuelle.

Nous donnons ci-dessous un modèle de cycles d'études, modèle qui pourra être modifié par chaque étudiant et qui servira de guide général. Chaque cycle peut comprendre un mois, si bien que les études complètes peuvent être faites en dix-huit mois. Il est évident que ce cycle peut être allongé ou diminué par l'étudiant selon sa rapidité de compréhension ou ses études antérieures. .[1]

## I

Histoires des races humaines, tradition, etc.

Théorie générale et philosophie (Saint-Martin Saint Yves, etc.)

Une langue sacrée : l'hébreu.

Psychurgie (premiers éléments pratiques)

## II

Histoire et symbolisme (sociétés secrètes et Maçonnerie) ;

La Cabbale ;

Une langue sacrée : le Sanscrit ;

La magie et les adaptations (hypnotisme, magnétisme, etc.)

## III

Histoire de l'alchimie et de la Rose-Croix (Martinisme) ;

Les religions d'Orient : Bouddhisme, Brahmanisme et Taoïsme ;

Une langue sacrée : l'Égyptien ;

---

[1]. Rituels de l'Ordre martiniste dressés par Téder, Démeter, Paris, 1985, p. 161-162.

## IV

Le spiritisme : sa transformation depuis l'Antiquité ; son adaptation ;

Les cultes et leur ésotérisme dans toutes les religions ;

L'ancienne initiation en Égypte ; la Pyramide et le Temple ;

L'hermétisme ; l'alchimie ; l'astrologie ; l'archéomètre ;

La maçonnerie pratique : constitution d'un rite ; adaptations sociales diverses."[1]

Ainsi en un an le martiniste est capable et de chercher la signification des mots hébreux, sanscrits ou égyptiens, s'est initié à l'histoire de l'alchimie, de la Franc-Maçonnerie et de la Rose+Croix, ainsi qu'aux religions d'Orient et d'Occident.

Comme Papus le précise : " Il est évident que ce cycle peut être allongé ou diminué par l'étudiant selon sa rapidité de compréhension ou ses études antérieures." Aujourd'hui, l'ampleur d'une telle étude fait baisser les bras à la plupart des soi-disant initiés. Bien que le programme d'étude puisse être revu selon certains développements modernes des recherches, un tel effort est relégué au passé et très souvent désigné comme inutile. Nous verrons plus loin le résultat d'un tel désintéressement, mais disons tout de suite que cela a conduit de nos jours à une ridiculisation des sciences occultes, les soi-disant initiés n'étant même pas souvent capable de tenir une conversation cohérente et intelligente sur ces questions. C'est là une façon de discréditer par leur passivité et incompétence les années d'efforts et d'études de leurs prédécesseurs. Certains avancent qu'il n'est pas nécessaire d'avoir a étudier pour œuvrer, pour être bon, généreux et charitable, en un mot pour laisser parler le cœur. " La voie martiniste n'est pas une voie

---

[1]. Ibid, p. 163.

d'érudit et ses programmes d'études ne nous sont d'aucune utilité." Nous respectons pleinement ceci et nos critiques envers les efforts pour l'étude ne visent en fait qu'à souligner l'inactivité sous-jacente. Papus lui-même qui nous a montré l'importance de la voie de l'étude écrivait : " Un Martiniste n'est donc pas forcément un érudit ou un savant adonné à l'étude des forces, des sciences ou des arts occultes. Il peut (...) être un *actif pur*, un semeur de vérités, un modeste et un humble dans la société profane, dont le cœur a illuminé le cerveau par la pratique du dévouement et de la charité." .[1]

Ce n'est donc pas de l'érudition que demande Papus mais de *l'activité*, résultat de l'homme de désir.

Ayant ainsi situé la permanence de ce que dit Papus, essayons de cerner son apport quant au Martinisme.

Comme nous l'avons rappelé, l'histoire rapporte qu'il ne reçut qu'un maigre héritage martiniste. C'est à partir de sa rencontre avec A. Chaboseau que naquit la volonté de réunir quelques initiés martinistes dans une structure permettant de définir l'Ordre inexistant jusqu'alors. Avec le talent qu'on lui connaît, Papus attira autour de lui de brillantes personnalités qui formèrent le premier conseil de l'Ordre. Les initiations commencèrent immédiatement et pendant quatre ans les cahiers d'initiations, les catéchismes et bases d'étude virent le jour. Saint-Martin avait disparu. Il s'agissait pour Papus de poser un fondement qui avait toujours fait défaut à ce courant. Il convenait d'orienter les efforts de chacun, de les canaliser, de former un cadre autour du cœur qu'était la doctrine martiniste. Comme chacun sait et malgré quelques difficultés, Papus eut des activités maçonniques et la structure qu'il conçut pour le Martinisme fut maçonnique. A plus forte raison d'ailleurs puisque le fondateur et initiateur de Saint-Martin, Martinès avait commencé à structurer son Ordre selon le système maçonnique. Les martinistes anti-maçons de notre

---

[1]. Papus, A propos du Martinisme, p. 2.

époque (s'il en existe encore) devraient réaliser que Papus donnait là au cœur du Martinisme un appui que des siècles de stabilité avait démontré comme étant le plus sûr.

Ainsi prirent naissance les décors, rites et catéchismes du Martinisme que l'on qualifiera " de Papus ". Ce furent, à notre avis, les apports majeurs et fondamentaux que connut le Martinisme. C'est grâce à cette structure que cette tradition put prendre son envol, la portant intacte jusqu'à notre époque. Ne faisons cependant pas l'erreur de penser que Papus posait ici les bases d'un nouveau système maçonnique. Il n'a fait que prendre ce qui était bon dans ce système et y a adapté la doctrine du Martinisme. Il est nécessaire avant de voir ce qu'il a apporté de faire quelques remarques au sujet de ces structures.

Le Martinisme organisé par Papus n'est pas une école ou une classe supérieure dirigée par des Maîtres. Gérard Encausse écrit à ce sujet : " Il y a et cela est sûr des étudiants, mais tous le sont au même titre vis-à-vis de la divinité." Semer, enseigner et cultiver disait Papus mais pour semer il faut déjà avoir trouvé la graine et c'est sur elle qu'il va mettre l'accent comme ce qui est le cœur du Martinisme.

Toutefois sans l'apparition d'un nouveau personnage nous aurions certainement aujourd'hui une maçonnerie martiniste ou martinésiste comme seul courant, mais il n'en a pas été ainsi. Papus rencontra le Maître Philippe de Lyon. Sa rencontre fut fondamentale, transforma en grande partie son esprit et influença d'une manière durable son christianisme, c'est à dire son Martinisme.

Papus écrivait à son sujet : " Celui que notre cœur regrette toujours pour les paroles vivantes qu'il nous enseigna s'appelait le plus vieil esprit de la terre ; il avait pouvoir spécialement sur la foudre, qui obéissait à ses demandes, et il agissait également sur l'air et l'eau (...) Il avait une notion complète de la vie présente dans tous ses détails, de tous les êtres terrestres avec lesquels il se trouvait être en rapport..."

" Il m'apprit à essayer d'être bon, il m'a enseigné la tolérance envers tous et pour les défauts d'autrui ; la nécessité de ne pas dire de mal, la confiance absolue et le Père, la pitié pour la douleur des autres, enfin il nous a montré qu'on ne pouvait évoluer qu'en partageant les souffrances des autres et non en s'enfermant dans une tour d'ivoire de crainte de perdre sa pureté et sa sagesse.

Voilà pourquoi j'essaye de remuer un peu l'humanité, de répandre autour de moi quelques idées qui ne proviennent pas de mon cerveau et de propager les deux grandes vertus qui nous viennent du Ciel : La Bonté et la Tolérance."

" Il est sur terre des êtres exceptionnels qui viennent ici comme le sauveur est descendu aux enfers, c'est-à-dire libre et sans n'avoir plus rien à payer ; ce sont des envoyés. Pendant le cours de notre existence terrestre nous avons eu le bonheur de connaître un de ces êtres et de le faire connaître à quelques-uns de nos amis. Tous ceux qui l'ont approché ont été frappés du rayonnement merveilleux qui s'échappait de lui (...) Il faudrait des pages et des pages pour dire tout ce que fait un envoyé du Père sur la terre. C'est un peu de soleil dans la pierre, c'est un rayon de lumière dans l'égoïsme et la cruauté qui nous environnent et cela fait un peu aimer la vie." [1]

L'on peut dire que la doctrine martiniste naquit de Martinès, devint intérieure et mystique avec Saint-Martin, prit forme rituelle avec Papus et débuta son œuvre extérieure et invisible grâce à l'influence de Maître Philippe. Le christianisme martiniste fut alors plus accentué et défini. Il devint alors véritablement une chevalerie chrétienne.

L'Ordre devenu solide et vivant s'éleva sur l'héritage du Philosophe Inconnu comme " une école de chevalerie morale s'efforçant de développer la spiritualité de ses membres, tant par l'étude d'un monde encore inconnu (...) que par l'exercice

---

[1]. Papus, La réincarnation.

du dévouement (...) et par la création en chaque esprit d'une foi solide." .¹" Le Martinisme de Papus consistait donc une chevalerie de l'altruisme opposée à la ligne égoïste des appétits matériels."

---

[1]. Philippe Encausse, Résurgence de l'Ordre martiniste, Brochure.

# 3° PARTIE – ASPECTS DU MARTINISME CONTEMPORAIN

## LE MONDE MARTINISTE

### *ORDRE INITIATIQUE ET ÉSOTÉRIQUE*

Le Martinisme est aujourd'hui ce que l'on appelle un Ordre initiatique et ésotérique. Cela signifie que les réunions ne sont accessibles qu'à ceux qui ont été initiés à ses rites. La structure initiatique pourrait extérieurement être rapprochée de celle de la Franc-maçonnerie. Nous savons qu'il existe plusieurs façons de transmettre des connaissances, par écrit, par oral, etc. L'initiation a pour objectif de transmettre une connaissance à l'aide de rites composés de symboles, de mots et de gestes touchant l'inconscient en amorçant une transformation que l'initié se devra de poursuivre. Touchant les émotions, la psyché profonde, l'initiation transforme et transmet réellement un contenu occulte que l'initié mettra parfois un certain temps à découvrir. C'est une graine qui est semée et qui germe si elle tombe dans une bonne terre bien entretenue. Une telle transmission ne pourrait se faire par le simple intellect, car elle s'adresserait alors à une faculté qui ne correspond pas à la dimension du psychisme rattaché au sacré. D'une manière implicite l'initiation nous dit que l'inconscient, l'imaginaire auquel s'adressent les rites n'est rien d'autre que le sentiment du sacré.

Il est alors facile de comprendre que de tels rites initiatiques ont existé et existent depuis des millénaires. Ils furent utilisés dans les différentes religions, cultures pour transmettre des connaissances secrètes et sacrées. L'on peut donc parler d'initiation taoïste, bouddhiste, Rose-Croix, maçonnique ou martiniste. Nous pensons qu'aucune n'est supérieure à l'autre, si chacune a pour ambition de parfaire l'être et de conduire à la découverte du sacré. Les différences résident dans le mythe qui sert de support à cet éveil et bien évidemment dans les rites et leurs structures. Une importante littérature a popularisé le mythe maçonnique d'Hiram. Sans entrer dans les détails de cette tradition, nous voyons bien que l'objectif consiste à apprendre à se connaître, à se parfaire, à faire mourir le vieil homme pour renaître à un monde nouveau. Il n'existe toutefois pas dans la Franc-Maçonnerie française d'idéologie religieuse particulière. Le soin est laissé à chacun des Frères ou Sœurs d'exprimer le sacré qu'ils découvrent en eux de la façon qu'ils le souhaitent. Il n'en est pas de même dans certains rites maçonniques (Rite Ecossais rectifié, Rite Emulation, par exemple) et dans le Martinisme précisément où le mythe servant de base aux rites est beaucoup plus près des évangiles et de la Bible. De la même manière que pour le martinézisme, le mythe de la chute de l'homme, de la prévarication des esprits rebelles est centrale. Le monde est déchu et l'homme doit se réconcilier avec le créateur pour pouvoir réintégrer le plan divin. Il importe peu de développer les détails de la doctrine. Il suffit de savoir que nous devons par nos efforts individuels nous racheter et retrouver le chemin du Créateur. Les rites initiatiques martinistes vont nous conduire à prendre conscience de cet état de fait et de nous en donner les moyens, qu'ils soient théurgiques dans le cas de Martinès ou mystiques dans le cas de Saint-Martin.

## *LES GRADES ET PRATIQUES MARTINISTES*

Comme nous l'avons dit, Saint-Martin ne transmit vraisemblablement qu'une initiation, celle de Supérieur Inconnu (S. I.). La structure développée par Martinès était tout à fait spécifique d'une maçonnerie originale. Aujourd'hui, le Martinisme est généralement structuré selon trois grades ou degrés. Les dénominations sont parfois différentes selon les Ordres, mais classiquement on retrouve Associé (1°), Initié (2°), Supérieur Inconnu (3°). Un 4° degré s'y rajoute, celui de Supérieur Inconnu Initiateur.

Il n'existe pas de vitesse d'avancement, puisque celui-ci est fonction du degré de maturation de l'étudiant.

Les procédures d'initiation classiques impliquent une ou plusieurs enquêtes destinées à savoir si l'esprit du Martinisme peut convenir au postulant. Il est ensuite reçu lors d'une initiation.

En dehors de ces rites, un groupe martiniste se réunit une ou deux fois par mois. L'Ouverture et la Clôture rituelle de la réunion sont conduites par le responsable, assisté dans certains rites par quelques Frères ou Sœurs assurant des fonctions précises et symboliques. Durant la période de travail proprement dite, diverses possibilités sont données qui diffèrent selon les Ordres ou groupes. Des textes propres à l'Ordre peuvent être lus et commentés, des travaux faits par les membres peuvent être lus et discutés, etc. Dans certains cas des ouvrages, tels que le " Traité de la Réintégration des Etres " sont étudiés en commun. Des périodes de prières et de méditations peuvent être guidées par un Supérieur Inconnu, équilibrant ainsi la dimension théorique et mystique propre à ce courant.

Les recherches des membres lus durant les travaux de groupe ont pour objectif de permettre un travail et une réflexion individuelle sur un support symbolique particulier ou sur une question qui est au centre des préoccupations des participants. Nous vous donnerons quelques exemples de travaux en annexe pour vous donner une idée sur la façon dont les travaux de réflexion sont élaborés. Il est par exemple possible de réfléchir sur le symbolisme de l'épée et d'en dégager des éléments qui vont amplifier une compréhension plus large du rituel et par extension de certains éléments de la personnalité et de la psyché. D'une manière plus explicite, des travaux sur les " Maîtres passés", sur " l'amour" ou sur " la place de la femme dans la tradition ésotérique" permettent de porter un regard plus large sur le monde dans lequel nous vivons. Dans tous les cas les réflexions théoriques ou symboliques sont propres à l'initié et reflètent sa compréhension personnelle. Comment pourrait-il en être autrement ? Ces travaux ne sont donc en rien des paroles définitives sur le Martinisme. Pour pouvoir parler au nom de la tradition, il faudrait considérer des étapes de l'initiation dont bien peu ont idée...

Dans le cas d'autres Ordres martinistes, un ensemble de pratiques tant mystiques que théurgiques est transmis aux Frères et sœurs qui peuvent les mettre en œuvre en dehors du groupe dans leur oratoire personnel. Vous en aurez quelques exemples dans la partie pratique. L'objectif consiste à donner des éléments réellement opératifs qui peuvent aider le nouvel initié à avancer sur le chemin. Les oraisons, prières et rites individuels sont des outils extrêmement utiles. Les réunions de groupe prendront d'autant plus de vigueur et auront d'avantage d'impact et de force, que les pratiques individuelles seront fréquentes. C'est là un véritable processus d'imprégnation qui va vivifier chaque jour le psychisme inconscient et conscient du pratiquant jusqu'à le rendre extrêmement réactif au rituel et aux énergies présentes dans ce type de travail. Nous ne pensons pas qu'il soit suffisant d'assister aux rites des réunions martinistes pour avancer réellement dans la voie elle-même. Le travail individuel est une nécessité pour celui qui ne désire pas dépendre uniquement du groupe dans lequel il se trouve.

## *LES SYMBOLES*

Bien évidemment, il existe un certain nombre de symboles qui sont propres à cette tradition et qui en constituent le fondement, le dépôt sacré. Ils sont les supports du travail symbolique et doivent se trouver à la base des rites qui pourraient devoir être constitués ou écrits comme ce fut le cas dans les siècles passés. Les Cahiers de l'Ordre disent dans le premier degré au sujet des symboles :

" [...] Les premiers objets qui se sont présenté aux yeux du profane étaient disposés dans un Ordre particulier et affectaient certains aspects destinés à lui faire comprendre l'existence du symbolisme.

Les symboles forment le fond de l'enseignement et certains d'entre eux sont absolument indispensables ; aucun initiateur ne peut se dispenser de les présenter, bien qu'il puisse leur adjoindre tel développement qu'il juge convenable. Les symboles indispensables sont :

Les trois lumières et leur triple disposition hiérarchique ;Le Masque ;

Le manteau (cape) de l'Initié. [...]"

Nous pouvons rajouter : l'épée, les trois couleurs symboliques noir, rouge et blanc, le sautoir portant le sceau des S. I. et certains éléments propres aux initiations qu'il convient de laisser découvrir. Vous retrouverez ces éléments dans chacun des rites de cette tradition quelle que soit l'École martiniste envisagée.

## *Les Grands Maîtres*

Comme le découvriront ceux qui s'intéressent à l'initiation occidentale, les Ordres initiatiques sont en général dirigés par un Collège et un Grand Maître. C'est le cas du Martinisme. Sans entrer dans des développements complexes, disons simplement que le Grand Maître est un Supérieur Inconnu Initiateur qui, reconnu pour son expérience et ses connaissances, sera investi des charges et des responsabilités de la direction et de l'orientation de l'Ordre. Il s'agit d'une direction temporelle et spirituelle. Il est dépositaire à la fois de l'héritage et du devenir de l'Ordre. On a longtemps glosé sur ce dépôt lui-même car il est associé à l'autorité sur l'Ordre et sa destinée. Ceci implique qu'un Grand Maître ne pourra transmettre sa charge qu'à un seul individu et ce d'une manière définitive. Il y a dans le Martinisme une certaine croyance en la réalité invisible d'un pouvoir, d'un dépôt qui se transmet de Grand Maître à Grand Maître. L'on imagine alors la difficulté du choix de la transmission. Rajoutons pour terminer qu'à la différence de la Franc-maçonnerie, la fonction de Grand Maître n'est pas limitée dans le temps et ne découle évidemment pas d'un vote. Elle est en principe Ad Vitam, mais en réalité le Grand Maître conserve sa fonction jusqu'à ce qu'il décide de lui-même de transmettre sa charge.

## *LA TEMPLE MARTINISTE*

Le lieu dans lequel les martinistes se réunissent est appelé sous des noms divers : Loge, Temple, lieu de réunion, etc. Bien évidemment des nuances existent entre chacun de ces noms. Si nous laissons de côté les qualificatifs du groupe lui-même, nous pouvons nous intéresser au lieu de réunion.

A l'époque de Martinès de Pasqually, une pièce d'une surface assez importante était requise pour pouvoir conduire les opérations. En effet un certain nombre de signes, cercles, symboles devaient être tracés sur le sol. De plus, de nombreux luminaires étaient placés à certains points précis de ces figures. Il en était de même dans les opérations théurgiques de groupe. Quant aux réunions proprement maçonniques des Elus-Cohens l'arrangement du local ne se distinguait pas considérablement de ce qui existait pour les autres maçons.

A l'époque de Papus, le décor du temple était au début des plus simples. Un simple lieu dans lequel une table couverte d'une nappe servait d'autel. Sur le mur de l'Orient le pentacle martiniste. Le Président du groupe se tenait derrière cet autel et présidait aux travaux.

Un peu plus tard les rituels de l'Ordre martiniste dressés par Teder prévoyaient un décor beaucoup plus important et se rapprochant du décor maçonnique. Le temple était divisé en plusieurs espaces. Selon les degrés auxquels on travaillait, on tendait des tentures de différentes couleurs, des symboles étaient rajoutés ou voilés, etc.

Selon les rites pratiqués, les Ordres contemporains se rattachent à tel ou tel décor spécifique. Le décor justifie l'utilisation d'un temple installé dans une pièce exclusivement consacrée à ces activités. Dans d'autres cas de rites moins complexes, les réunions se tiennent chez des particuliers qui installent la pièce pour l'occasion et la désinstallent ensuite. Il existe dans ce cas des rites simplifiés de purification et de consécration de la pièce exécutés avant la réunion.

En effet, le temple est considéré comme un espace sacré dans lequel celui qui n'a pas été initié n'a pas accès. Les différents symboles sont des éléments renvoyant à des concepts et des idées qui développent telle ou telle idée de la tradition martiniste.

On retrouve souvent le pentacle martiniste, le portrait de Louis-Claude de Saint-Martin, l'autel sur lequel se trouve la nappe triangulaire aux trois couleurs noir, rouge blanc, le fauteuil des Maîtres passés recouvert du manteau blanc, le flambeau des Maîtres passés, la Bible, le Maillet, le Masque, etc.

## *L'ÉGRÉGORE ET LES MAÎTRES PASSÉS*

Les deux derniers points que nous voudrions évoquer ici sont ceux de l'égrégore martiniste et des Maîtres passés. L'idée commune consiste à dire que deux individus qui se réunissent pour accomplir un rite génèrent une énergie supérieure à celle d'un seul. Ce mot d'énergie recouvre quelque chose d'assez flou qui tient à la fois de l'ambiance, de la dynamique de groupe, de l'émotion ambiante, etc. En un mot l'énergie correspond à tout ce que l'on ne peut nommer et qui constitue la partie invisible d'un moment rituel partagé entre plusieurs individus. L'on se rend compte que le rite et la tradition utilisée dégagent une "ambiance" spécifique. L'on a coutume d'appeler cela " l'égrégore". Mais on rajoute dans ce mot une croyance consistant à élargir l'égrégore aux énergies du groupe tout entier, puis de l'Ordre lui-même et parfois plus largement encore à une Église, chrétienne, par exemple.

Les Maîtres passés de la tradition sont les individus les plus importants qui ont contribué par leur œuvre au développement et à l'enrichissement de l'Ordre. Leur empreinte s'est inscrite de manière indélébile dans la Tradition. Mais cette trace existe tant de manière visible qu'invisible et elle contribue alors à l'énergie et à la force occulte de l'Ordre. Une partie importante et propre au martiniste consiste à placer les travaux sous leur protection et les invoquer réellement dans l'assemblée. Nous donnerons en annexe un exemple de travail de réflexion sur ce sujet.

## *LE MARTINISME ET L'EGLISE GNOSTIQUE*

Dès les débuts du Martinisme de Papus, la notion d'Eglise occulte et invisible est devenue un des aspects de cette tradition. Il ne s'agit pas de confondre les rites, l'initiation et la tradition martiniste avec celle d'une Eglise qu'elle qu'elle soit. Mais nous devons remarquer que les responsables des Ordres martinistes recevaient en général une consécration épiscopale valide selon plusieurs lignées de succession apostolique, dont celle de l'Eglise dite Gnostique fondée par Jules Doinel en 1892. Elle fut structurée par en grande partie par Jules Doinel et par Johannès Bricaud qui en fut l'Evèque primat, en même temps que le responsable de l'Ordre martiniste de l'époque.

Selon un texte de présentation de cette Eglise, " le gnosticisme est une doctrine philosophique et traditionnelle, aussi ancienne que l'humanité, une morale, un culte, qui en font une religion universelle. Enseigné et pratiqué dans tous les mystères de l'antiquité et dans plusieurs sociétés secrètes ou fermées du moyen-âge et des temps modernes, [...] il a pour but de restituer à l'humanité son unité religieuse primitive, en lui faisant rejeter les erreurs religieuses d'où sont sorties les différentes religions, et de travailler à son perfectionnement intellectuel, moral et social.

Le gnosticisme prétend ne s'imposer aux consciences, ni par la force du pouvoir civil ou militaire, ni par de vaines menaces de châtiments d'outre-tombe, ni par de fallacieuses promesses de récompenses futures. Basé d'une part, sur la Tradition universelle et non pas seulement sur la tradition hébraïque de la bible et d'autre part sur la philosophie et la science moderne, ses vérités, ne se présentent pas comme objets de foi, mais comme objets de démonstration, philosophique et scientifique ; il ne s'adresse qu'à la raison qui est la même chez tous les hommes. Il admet donc la liberté absolue de conscience et d'examen chez tous les hommes qui en sont capables et exige de ses membres la tolérance pour tous ceux qui ne pensent pas comme eux."

Cette Eglise perdura dans le Martinisme jusqu'à aujourd'hui, mais sans conserver les rites fort complexes élaborés à l'époque de Doinel. Nous ne pensons pas que nous puissions encore parler réellement de l'Eglise Gnostique au sens originel, mais d'une dimension religieuse et sacerdotale présente dans les hauts-grades des structures martinistes. C'est le cas par exemple au sein de l'OMI, de l'OMCC et de l'OMSI. Nous aurons l'occasion de revenir sur cet aspect de la tradition ainsi que sur la Gnose dans un autre ouvrage rassemblant les textes les plus importants de Bricaud. Précisons pour terminer que bien que cet aspect sacerdotal soit très important dans la voie martiniste, il se fonde sur ce que l'on a coutume d'appeler l'Eglise invisible qui ne doit en rien être confondue avec les structures extérieures et temporelles.

## *Les errements du Martinisme*

Le Martinisme contemporain n'est pas exempt de travers ou de problèmes et quelle structure humaine n'en aurait-elle pas ? Il est important que certains éléments soient évoqués ici, tant pour les Martinismes eux-mêmes, que pour les futurs initiés. Il faut qu'ils puissent savoir ce à quoi il faut prêter attention pour ne pas se laisser entraîner vers des interprétations qui ne sont pas à proprement parler martinistes. Nous devions au Martinisme lui-même de dire quelques mots de ces travers. Sa grandeur et l'importance de son rôle impliquent que l'on cherche à les réduire au maximum.

Le Martinisme contemporain peut-être classé dans ce que l'on appelle aujourd'hui les courants ésotériques ? L'on pourrait donc croire que l'on va trouver au sein de ces Ordres une sorte d'élite de l'humanité, un ensemble d'individus tous préoccupés de perfection morale et de service. Or, il faut bien reconnaître qu'il existe, là comme ailleurs, un certain nombre d'individus plus préoccupés par les passions humaines que par la vertu. Bien plus, une certaine tendance à marquer la différence avec le monde profane, à revenir fréquemment sur des doctrines spécifiques, fait que se développe une incapacité à s'exprimer en dehors des formules stéréotypées enseignées par l'Ordre.

Pour d'autres, l'écueil sur le sentier sera l'orgueil, celui d'être initié, de connaître des secrets que les autres ignorent, des aspects de la vie que le " profane" méconnaît. L'accent sera mis sur le secret, le faux secret, celui qui se montre !

## *La division*

Depuis le premier Ordre de Papus la tradition martiniste s'est divisée et se retrouve aujourd'hui dans une apparente division.

Un certain nombre d'Ordres se considèrent comme les seuls authentiques et vont parfois même jusqu'à remettre en cause, ouvertement ou non, la légitimité de leurs concurrents. Quand ils ne le font pas, il leur arrive de discuter la valeur des autres enseignements et même d'omettre de fournir aux nouveaux initiés une ligne historique claire et générale impliquant chacun des courants. Le résultat en est un rétrécissement du champ de compréhension des étudiants martinistes qui, faisant naturellement confiance à leurs initiateurs ignorent tout des autres martinistes. Combien en avons-nous rencontré dans ce cas qui ignoraient jusqu'à l'existence d'autres Ordres que le leur ? Bien que cela puisse sembler de peu d'importance, cela montre une faille réelle quant à l'unité de pensée et de but de la tradition. Le Martiniste est bien souvent aujourd'hui " Martiniste de Papus ", " Martiniste de l'Ordre Martiniste Traditionnel ", " Martiniste synarchique ", " Martiniste etc. ", avant même d'être simplement *Martiniste*. Tout cela risque de conduire à une forme sectaire, au lieu de constituer un courant unique et respectable dans sa diversité d'interprétations comme c'est le cas de la Franc-Maçonnerie. La seule façon, d'éviter ce travers consiste à présenter aux étudiants un historique complet de la Tradition précisant clairement les différences entre l'Ordre qui leur est propre et les autres. Il conviendrait de plus, d'introduire au sein du Martinisme la possibilité de visiter d'autres groupes travaillant dans les autres courants. Cette coutume des visites est depuis longtemps un fait dans la Franc-Maçonnerie sans que cela porte préjudice à la qualité des travaux.

## *L'ENSEIGNEMENT*

Quant aux méthodes d'enseignement proprement dite, personne, de Martinès à Papus en passant par Saint-Martin, n'en a préconisé d'identiques. Nos maîtres en connaissaient bien les dangers. Leur méthode de travail consistait à proposer une trame sur laquelle chaque élève travaillait. Venait ensuite le moment d'exposer ses idées à ses Frères et Sœurs, puis d'en discuter certains aspects. Seule cette méthode peut permettre de faire avancer sur une voie en évitant le dogmatisme ou l'endoctrinement. On la nomme en Franc-maçonnerie la méthode des planches ou exposés. Cela n'évite absolument pas l'étude et l'utilisation des catéchismes ou instructions. Certains Ordres actuels proposent aux membres des textes écrits par tel ou tel Maître de l'Ordre. Lues aux membres, ces études sont parfois présentées comme des enseignements strictement martinistes, alors qu'ils peuvent parfois s'en éloigner.

## *MARTINÉSISME ET MARTINISME*

Un autre aspect à souligner est l'ambiguïté parfois savamment entretenue entre Martinisme et Martinésisme. Sans dévoiler les rites exacts de Martinès - qui sont pourtant aujourd'hui quasiment tous publiés - l'on tente de souligner l'importance d'un retour aux sources du Martinisme autrement dit, de réhabiliter le système de Martinès et la pratique de sa magie.

Or, au risque de déplaire, il convient d'attirer l'attention du chercheur sur les textes exacts étudiés ou lus sans préjugés. Il sera alors facile de se rendre compte que ce système est poussiéreux, archaïque et abscons. Rien de comparable avec la clarté des voies théurgiques et philosophiques hermétiques.

Croyez-vous que Saint-Martin voulût poursuivre la voie de Martinès ? Croyez-vous que Papus ait voulu faire de la magie au sein du Martinisme ? Non, cela est évident. Le Martinisme n'est plus la voie extérieure de Martinès, encore moins celle de la Rose+Croix allemande ou de la Golden Dawn, même si elle n'est pas contradictoire avec cette dernière. Il est devenu une philosophie de vie à la fois plus simple, plus claire en un mot, plus vivante.

## ORIENTALISME ET EXOTISME

Papus a, comme nous l'avons montré, apporté un grand nombre de choses au Martinisme. Mais tout ce qu'il a apporté ne donna pas de bons résultats. Il était de mode en son temps de s'intéresser à l'orientalisme. Les sociétés initiatiques venues d'Orient fleurissaient, les Maîtres du Tibet faisaient leur apparition tandis que la Société Théosophique connaissait son âge d'or. Présentes dans le programme d'étude de Papus, les connaissances orientales faisaient partis des connaissances de base nécessaires mais n'étaient en rien le fondement du travail et de la philosophie martiniste. Or il faut bien reconnaître qu'aujourd'hui les conceptions orientales sont bien plus souvent utilisées que les connaissances occidentales. Bien plus, des confusions importantes sont faites sur des points fondamentaux, déformant non seulement les apports orientaux mais aussi les connaissances occidentales.

Nous pouvons citer par exemple la question de la **réincarnation.** Cette théorie fort attirante devint peu à peu une évidence qu'il n'est même plus nécessaire de discuter ! Les théories chrétiennes sont négligées et rejetées comme archaïques. Les étudiants sont d'une certaine manière, rassurés. Si leur travail n'est pas suffisant, d'autres existences seront là pour y suppléer. Qu'apparaissent des obstacles et le Karma, mal compris d'ailleurs, devient un exutoire fort à propos.

Or combien de Martinistes sont-ils surpris d'apprendre que Martinès et Saint-Martin qui connaissaient cette théorie ne l'approuvaient pas. Cela semble tellement incroyable à la plupart que nous citons ici une lettre de Saint-Martin présentée par A. FAIVRE.

" Kirchberger, lui, plaint Lavater qui croit de bonne foi à toutes les fantaisies de l'École du Nord : le pasteur est persuadé que Saint Jean vit encore avec eux corporellement et que " vraisemblablement il fera un voyage à Zurich " pour lui rendre visite sous peu. Le Bernois n'admet pas un seul instant cette possibilité de Saint Jean rendant visite à Lavater : " Jugez par là à quoi ils en sont ! " (K à SM 30. 04. 94) Cette idée de l'apôtre errant de par le monde est curieusement liée à celle de la réincarnation, dont les membres de cette secte font un article de foi, mais que, ni Saint-Martin, ni Lavater, ni Kirchberger ne peuvent accepter (K à SM 24. 12. 93). L'opinion du théosophe d'Amboise est intéressante :

" Système qui ne manque jamais d'être enseigné dans les écoles inférieures, et qui l'est journellement par nos somnambules mais qui ne convient à aucun des grands principes de la profonde théorie spirituelle divine, à moins que vous n'appeliez métempsychose le retour possible et répété des grands élus de Dieu, tels qu'Enoch, Moïse, Elie, etc. Qui peuvent bien en effet paraître à différentes époques, pour constater et concourir sensiblement à l'avancement du grand Œuvre, parce que le Bien coule toujours par les canaux qu'il s'est choisi. Mais le Mal et la souillure en sortant de ce monde trouvent de nouvelles régions plus vives que la terre, et qui nous purifient ou nous souillent davantage. De manière que les épreuves terrestres ne pourraient pas être suffisantes pour le degré où nous nous trouvons ; ce qui me détermine à rejeter cette espèce de métempsychose, qui me paraît être qu'un reflet des diverses facultés identiques que la race astrale fait passer sur nous. Les titres et différentes décorations des robes de théâtre ne sont propres à l'acteur qui en est revêtu, que pour le moment. "[1]

Ceci illustre bien les déformations possibles dont nous parlions et qui peuvent rendre incompréhensibles les connaissances transmises par la tradition. Comprenons bien qu'il ne s'agit pas de dire que la réincarnation n'est pas une réalité, mais tout simplement de ne pas défigurer ce que les Maîtres passés pensaient ou disaient.

---

[1]. A. Faivre, op. Cit., p. 145-146.

Cet exotisme de la pensée envahit même le discours. Comme beaucoup d'autres courants, le Martinisme transforma les centres du corps en chakras ; la loi de cause à effet en karma, etc. Les états de conscience devinrent des plans monadiques et bouddhiques puis des plans christiques. Le Christianisme, base du Martinisme, se trouva alors défiguré et devint quasiment incompréhensible.

## *L'ILLUSION MYSTIQUE*

Un autre travers caractéristique consiste à se considérer peu à peu comme au-delà de la religion et du monde. Certains ésotéristes et martinistes, initiés à la connaissance des choses cachées, deviennent " naturellement" différent des profanes. Eux savent, les autres ignorent ; eux sont éveillés, les autres dorment ; eux ont la Lumière, les autres les Ténèbres.

Il est commun de se défendre d'une telle attitude, mais il suffit d'essayer d'expliquer ces théories savantes à de braves hommes qui n'ont jamais rien entendu de tel dans leur vie. Nous comprendrons alors l'importance des paroles de " L'Imitation de Jésus-Christ" : "Tout homme désire naturellement de savoir, mais la science sans la crainte de Dieu que vaut-elle ?

Un humble paysan qui sert Dieu est certainement fort au-dessus du philosophe superbe qui se négligeant lui-même considère le cours des astres. Celui qui se connaît bien se méprise et ne plaît point aux louanges des hommes. Quand j'aurais toute la science du monde, si je n'ai pas la charité à quoi cela me servirait-il ?" [1].

Cela n'implique toutefois pas que nous devions négliger l'étude et la réflexion, mais tout simplement que cet acquis ne nous

---

[1]. L'imitationd e Jésus-Christ, traduit par l'Abbé F. De Lamennais, Tours, Alfred mamme et fils éditeurs, 1873, L I, § II-1, p. 15.

coupe pas du monde dans lequel nous vivons et de tous nos Frères humains.

# 4° PARTIE – LE CŒUR SECRET DU MARTINISME

Nous pourrions dire que ces errements déprécient le travail martiniste et qu'il n'est plus véritablement utile. Or paradoxalement ce n'est pas le cas. Il n'y a pas de crises de vocations martinistes, bien au contraire et c'est là justement le paradoxe d'où jaillissent les questions que nous nous posions au début de cette recherche. Les portails du Martinisme s'ouvrent toujours aux nouveaux membres. Le fait qu'il en soit ainsi montre bien que le véritable Martinisme est ailleurs, au-delà de ces structures qui n'en montrent que l'écorce. Nous en trouvons une clef fondamentale dans un texte de Saint-Martin.

" Le christianisme est la religion de l'affranchissement et de la liberté (...) Le christianisme remplit toute la terre à l'égal de l'esprit de Dieu (...) Il porte notre foi jusque dans la région lumineuse de l'Éternelle parole divine (...) Le christianisme dilate et étend l'usage de nos facultés intellectuelles (...) Il nous montre Dieu à découvert au sein de notre être **sans le secours des formes et des formules** (...) Le christianisme n'a aucune secte puisqu'il embrasse l'unité et que l'unité étant seule ne peut être divisée d'avec elle-même (...)".[1]

Saint-Martin explique clairement ce qui est la base du Martinisme, ce qui fait en réalité son unité, et c'est le **Christianisme**. Ce dernier n'est pas une doctrine absolue mais **elle est simplement celle du Martinisme**. La voie intérieure est donc celle du christianisme qui n'est pas à confondre avec le catholicisme qui en est un des aspects extérieurs. Saint-Martin nous le dit bien lorsqu'il écrit : " Le catholicisme n'est que le séminaire du christianisme (...) Le catholicisme ne remplit qu'une partie du globe (...) Le catholicisme nous laisse

---

[1]. J. Boucher, op. cit., p. 15.

aux prises avec nous-mêmes pour trouver Dieu sans l'appareil des cérémonies (...)".[1]

Ainsi il nous apparaît que le Martinisme est essentiellement chrétien, " parce qu'il se rapporte au fond de la religion chrétienne, indépendant de toute forme cultuelle, mais il n'est pas catholique".[2] dans le sens de la forme extérieure. Il nous faut donc voir ce que nous dit à ce sujet Papus. Dans son article intitulé " À propos du Martinisme" il écrit : " L'Ordre Martiniste est un centre actif de diffusion initiatique (...) constitué pour propager les lignes de la tradition **chrétienne** (...) Le troisième caractère du Martinisme **est d'être chrétien**. Le Martinisme défend l'action du Christ. Le martiniste est " le chevalier de l'idéalité chrétienne." Par **l'enseignement oral de la tradition occidentale chrétienne** il met l'âme à même de percevoir la vivifiante action du Verbe divin du Christ glorieux..."[3]

L'on peut voir par ces extraits des deux fondateurs de l'Ordre que la base et l'unité du Martinisme ne se trouvent en fait pas ailleurs que dans le christianisme. Cela peut paraître évident pour certains, mais il faut savoir que la plupart des Ordres actuels ont presque totalement gommé cet aspect pour faire des mystiques " politiquement correct". Or, le Martinisme n'ayant pour seul rôle que la pratique de la tradition ésotérique occidentale et chrétienne, il lui appartient de ne pas trahir cet héritage. L'appel martiniste est donc le désir de découvrir la Tradition détentrice des mystères chrétiens. C'est l'appel que ressentent tous ceux qui désirent percer l'écorce du catholicisme pour pénétrer la voie des mystères et s'initier à ce qui ne représente pas grand-chose aux yeux du plus grand nombre et même d'une majorité du clergé. Ce sont par exemple les bénédictions, les exorcismes, les divers sacrements, les

---

[1]. Ibid., p. 15.

[2]. Ibid, p. 15.

[3]. A propos du Martinisme, op. cit., p. 1.

symboles de la religion extérieure qui sont regardés comme des superstitions n'étant souvent pas assez exotiques. Or le Martinisme est l'école qui nous permet de passer en ce domaine de l'autre côté du miroir. Un texte dit, " que notre principale étude soit donc de méditer la vie de Jésus-Christ (...) Mais il arrive que plusieurs, à force d'entendre l'évangile, n'en sont que peu touchés, parce qu'ils n'ont point l'esprit de Jésus-Christ. Voulez-vous comprendre parfaitement et goûter les paroles de Jésus-Christ ? Appliquez-vous à conformer toute votre vie à la sienne.".[1]

L'on croirait lire Saint-Martin et c'est " L'imitation de Jésus-Christ" qui s'exprime ainsi. C'est donc bien un appel vers cette tradition unique que ressentent ceux qui se dirigent vers le Martinisme. Mais Papus écrivait " Par l'enseignement **oral** de la tradition occidentale chrétienne."

Celui qui se dirige vers le Martinisme n'est pas forcément un futur catholique pratiquant, c'est quelqu'un disons-nous, qui est appelé par le cœur et non par l'écorce. Il y a dans le Martinisme, dans le christianisme, un enseignement oral perpétué jusqu'à nous. Non un enseignement dogmatique contre lequel nous mettons en garde, mais un éveil permettant d'appréhender l'essence de cette tradition occidentale. Pour pouvoir pénétrer ces mystères, le martiniste s'enfonce vers le cœur de l'occident, se voile et disparaît aux yeux des hommes. Il devient inconnu et c'est là une des caractéristiques majeures de cette voie. L'étude peut ensuite se faire par les rites simples et importants. Saint-Martin n'en a jamais renié l'importance même s'il a mis en garde contre le rite magique, expliquant que ce n'était pas la voie du Martinisme. Papus nous a donné des rites simples, clairs et inspirants et il nous appartient de ne pas déformer les symboles et les structures qui les composent. Les martinistes en tant que collège clos doivent se retrouver entre eux pour partager leur expérience, leur recherche, leur quête et

---

[1]. L'imitation de J. C., op. Cit., 1. I, § I-1, p. 13.

leurs travaux. Il faut cependant prendre garde à ce que les échanges ne deviennent pas de simples " clubs de vieilles dames ". " L'Imitation de Jésus-Christ" dit, " évitez autant que vous le pourrez le tumulte du monde ; car il y a danger à s'entretenir des choses de ce siècle, même avec une intention pure. Bientôt la vanité souille l'âme et la captive (...) C'est que nous cherchons dans ces entretiens une consolation mutuelle et un soulagement pour notre cœur fatigué de pensées diverses (...) S'il est permis, s'il convient de parler, parlez de ce qui peut édifier (...) De pieuses conférences sur les choses spirituelles, entre des personnes unies selon Dieu et animées d'un même esprit servent beaucoup au progrès dans la perfection.".[1]

Et c'est bien en ce sens-là qu'il nous faut considérer l'étude du groupe martiniste, s'initiant aux mystères chrétiens. Papus a reçu, ne l'oublions pas, deux lettres, S. I.. D'aucuns diront Supérieur Inconnu, d'autres, Serviteur Inconnu ce qui serait plus humble et compléterait assez justement le premier titre. Il convient en effet de ne pas oublier que le martiniste est un actif et un homme de désir. Il se doit donc d'agir non seulement sur lui-même, mais d'aider ses Frères humains encore égarés. Cette aide est faite dans l'invisible par l'étude de la voie occidentale **mais aussi et surtout** dans le visible en aidant concrètement. Il peut être selon les mots de Papus " un semeur de vérités, un modeste et un humble dont le cœur a illuminé le cerveau par la pratique du dévouement et de la charité..." [2]

La caractéristique du Martinisme est d'agir sur tous les plans, **mais caché, inconnu aux yeux du monde.**


Que ce soit dans la visite des malades, dans l'aide sociale, dans l'aide auprès d'amis ou d'inconnus perturbés, perdus, dans quelque domaine que ce soit le martiniste agit sans cette

---

[1]. Ibid, 1. I, § X-1, p. 27.

[2]. A propos du Martinisme, op. Cit., p. 1.

" étiquette" qui doit rester intérieure. S'il est religieux, il agit en tant que religieux, s'il est médecin il agit en tant que médecin, s'il est manuel, il agit en tant que manuel, **mais en tout cela il est martiniste**.

Il se doit d'aider ses Frères par **le service concret** d'amener les hommes à Dieu, à la découverte du principe divin. Son but n'est pas d'amener les gens à l'ésotérisme et dans son Ordre. Il est de servir le christianisme et de guider ses Frères perdus vers la lumière du Christ qu'ils ont oubliée. S'ils découvrent en certains l'appel, ils les guideront après les avoir éprouvés. Cependant ce désir viendra de l'autre et ne sera pas suscité par le martiniste, qui, faisant alors preuve d'orgueil, cesserait d'être chrétien et initié.

Si le Martinisme est l'action d'initiés cachés pour aider les hommes dans leur vie quotidienne et les amener vers Dieu, pourquoi le Christianisme ?

Venu de Martinès et de Saint-Martin le Martinisme a un dépôt sacré que chacun des Frères découvre au travers de son étude. Faire un mystère de ce dépôt est inutile puisque nous l'avons déjà dévoilé ; il est le gardien de l'unicité du christianisme et de sa compréhension. Il veille en retrait à la sauvegarde de cette riche tradition occidentale afin que personne ne puisse lui porter atteinte.

Quand l'Église extérieure faiblit ou dissipe son trésor, le Martinisme est là pour perpétuer ses richesses. Il est le garant de cette tradition qui, accessible à tous, peut tout de même être brisée. **Le clergé est l'action visible du christianisme alors que le Martinisme en est l'action invisible**. C'est là un rôle, un devoir et non un des moindres. L'on comprend la responsabilité qu'auront à assumer ceux qui oublient notre dépôt traditionnel alors qu'ils en sont les dépositaires parfois inconscients. S'il y a comme nous le disions dépôt, il y a aussi transmission, succession de Maître à disciple depuis les fondateurs. Saint-Martin n'a transmis certainement qu'une initiation, celle de S. I.. Pour lui la porte était ouverte une fois et cela suffisait. Papus organisa plusieurs degrés mais laissa la véritable initiation pour le S. I.. Au travers de celle-ci le courant peut descendre en nous et éclairer notre être qui va approcher l'idéal et le service martiniste.

Concluant un texte de 1899, Papus écrivait : " Chaque calomnie c'est une victoire à l'horizon ; accusés d'être des diables par les uns, des cléricaux par les autres, et des magiciens noirs ou des aliénés pour la galerie, nous restons simplement des chevaliers fervents du Christ, des ennemis de la violence et de la vengeance, des synarchistes résolus, opposés à toute anarchie d'en haut ou d'en bas, en un mot des martinistes comme l'ont été nos glorieux ancêtres Martinès de Pasqually, Louis-Claude de Saint-Martin et Willermoz.".[1]

" Pauvres, ces hardis semeurs, quelques fois en sabots, jettent la semence des vérités symboliques à la volée dans la terre profane et s'enveloppent ensuite de leur manteau, rentrant dans le silence et l'inconnu.".[2]

---

[1]. Papus, Martinisme et Franc-Maçonnerie, Chamuel Ed, Paris 1899, Demeter, Paris 1986, p. 119.

[2]. A propos du Martinisme, op. cit., p. 2.

# 5° PARTIE – RITUELS ET PRATIQUES

Il serait tout à fait intéressant de se pencher sur une étude comparée des divers rites martinistes depuis l'apparition de l'Ordre, mais cette étude nous conduirait hors du cadre que nous nous sommes fixés. Nous nous contenterons donc de donner quelques éléments de base destinés à vous faire percevoir ce que peut-être un rituel martiniste.

Le premier document que nous reproduisons est le rite de réunion martiniste le plus simple et certainement le plus ancien. Il date du début de la réactivation de l'Ordre par Papus. Il sera ensuite très largement augmenté et développé tout en conservant, comme nous l'avons dit dans le chapitre précédent, les éléments symboliques propres à cette tradition.

## DU RITE MARTINISTE DE 1897 AUX DÉVELOPPEMENTS MODERNES

### *RITE MARTINISTE DE 1897 :*

**Ouverture simple**

**Phil. Inc.** - Frère associé, quelle heure est-il ?

**Fr. Associé** - L'Orient s'illumine. Le soleil se lève. L'oeil du monde va s'ouvrir, la vérité va paraître.

**Frère Initié** - le Soleil s'obscurcira-t-il pour les profanes ? Refusera-t-il la chaleur et la vie aux ignorants ? Ne répartira-t-il pas ses influences bienfaisantes sur les méchants ?

**Fr. Initié** - Manifestation visible du centre invisible de toute vie et de toute lumière, le Soleil ne refuse ses influences astrales à personne, et tout être créé reçoit un rayon de la divine substance.

**Phil. Inc.** - Pourquoi, Ô mon Frère, pourquoi la Vérité ne serait-elle pas manifestée ? Pourquoi refuserions-nous de faire participer à son influence l'homme de désir ?

**Fr. Associé** - Le Soleil se lève. Que les voiles tombent comme se dissipent les ombres de la nuit ! (A)

**Phil. Inc.** - Frappe 3 coups lents.

**Fr. Associé** - Frappe 3 coups lents.

**Fr. Initié** - Frappe un coup.

## Fermeture des travaux

**Phil. Inc.** - Frappe 3 coups lents (Les Frères et Sœurs se lèvent)

**Fr. Associé** - Frappe 3 coups lents.

**Fr. Initié** - Frappe un coup lent. (B)

**Phil. Inc.** - Ô hommes régénérés, Ô vous qui manifestez en l'invisible, l'incarnation divine, Ô Maîtres d'Orient et d'Occident, nous vous remercions d'être venus présider à notre action.

Que notre joie, forte de toutes nos douleurs, aimante notre opération vers votre astralité.

**Fr. Associé** - Ô Dieu fait Homme, Ô Iéschouah notre guide ! O Crucifié en l'Invisible Soleil, assiste de tes émanations vivifiantes notre œuvre de lumière et de rédemption.

**Fr. Initié** - Au nom de Iod-Hé-Schin-Vau-Hé.

**Fr. Associé** - Par INRI. Amen.

**Phil. Inc.** - Ensemble mes Frères et mes Sœurs :

Le signe (Tous les Frères et Sœurs le font)

la batterie :

**Phil. Inc.** - Frappe 3 coups lents.

**Fr. Associé** - Frappe 3 coups lents.

**Fr. Initié** - Frappe un coup.

**Phil. Inc.** - A la gloire de IESCHOUAH Grand A. De l'Univers, sous les auspices du Phil. Inc. notre vénérable maître, les travaux de la............ N°............... sont momentanément suspendus, et pendant le temps qui nous sépare de la reprise de nos travaux, conduisons-nous, mes Frères et mes Sœurs, avec prudence et discrétion.

(Un coup).[1]

Quelques années plus tard, en 1913, de nouveaux rituels extrêmement plus développés et de forme maçonnisante furent publiés et signés par Papus, Président du Suprême Conseil et Grand Maître de l'Ordre.

Ils ont été publiés en 1985 aux Éditions Demeter sous le titre " *Rituel de l'Ordre martiniste dressé par Teder.*" nous vous y renvoyons pour les textes et rites complets.

Nous en rappellerons ici quelques éléments utiles à la compréhension générale de la tradition dont nous parlons.

Il faut préciser que dans les réunions rituelles les plus simples, les rites sont prévus pour permettre au seul Supérieur Inconnu Initiateur la transmission de tous les Grades.

---

1. Robert Amadou, Documents martinistes n° 14, p. 37, 1980.

Sans reprendre le rite précédent, les rites actuels qui ne sont pas ceux des initiations ont été complétés. (Vous vous reporterez au premier rite pour les renvois.)

**A** - ". Triple Lumière mystérieuse et Divine, Feu sacre, Âme de l'univers, Principe éternel des Mondes et des Êtres, Symbole vénéré, éclaire notre esprit, nos travaux et nos cœurs, et répands en nos âmes le feu vivifiant de la Vérité.

Que cette même lumière, émanant de trois luminaires différents, nous manifeste la Sagesse, la Force et la Beauté qui président, soutiennent et décorent le Temple particulier que nous élevons à la Gloire du Grand Architecte des Mondes.

Que ces flambeaux mystérieux illuminent de leur clarté les Sœurs et les Frères qui auront accès à leur connaissance et leur permettent d'apprécier la grandeur et la sainteté de nos travaux."

Il verse un peu d'encens sur le charbon incandescent.

" Reçois, o Grand Architecte des Mondes, l'hommage que te rendent, en ce temple, les Sœurs et les Frères réunis. Ne permets pas qu'il soit profane par le fanatisme, l'inimitié, le mensonge, la discorde, et que la Charité, la Paix, la Vérité y règnent constamment !"

**B** - La clôture fut beaucoup plus développé et en repris en général pas les invocations de clôture que nous connaissons dans le rite de Papus et de Téder. Nous en dégageons quelques extraits afin que vous puissiez en percevoir l'esprit.

". Mes Sœurs et mes Frères, voici venue l'heure de suspendre nos travaux collectifs. En effet, nul d'entre nous n'est dispensé de multiplier les efforts individuels qui doivent, chaque jour, le rendre plus digne des bienfaits spirituels dont le Martinisme est le dispensateur. [...]

Que les Saints Êtres, dont vous aspirez à devenir les disciples, vous montrent la Lumière que vous cherchez, et qu'ils vous accordent l'aide puissante de leur Compassion et de leur Sagesse !"

## LES OFFICIERS DE LA LOGE
## AUX QUATRE PREMIERS
## DEGRÉS

**Le philosophe Inconnu :** (Parfois appelé Frère Initiateur)

Il est la première lumière de la Loge. Les membres lui doivent le plus grand respect et la plus grande obéissance ; il est irrépréhensible dans ses fonctions, il n'est pas soumis à l'élection et réunit sa Loge toutes les fois qu'il le juge convenable ; il préside à l'ouverture et à la fermeture des travaux ; il signe tous les registres et documents ; il ordonne toutes les dépenses, nomme tous les Comités ou toutes les Commissions et les préside ; il confère les degrés conformément au Rituel.

**Le Frère Inconnu : (Frère Orateur)**

C'est lui qui est chargé de certaines invocations caractéristiques de l'Ordre. Il donne le sens des travaux, en tire les conclusions. Il représente la loi martiniste et doit donc connaître parfaitement la structure et les règles traditionnelles de l'Ordre.

**Le Frère Initié : (Maître Initié, Maître des cérémonies)**

Le Frère Initié (S. I. I.) fait également office d'expert dans les cérémonies d'initiation. Il doit donc connaître de façon parfaite les rituels, En cas d'absence du Philosophe Inconnu, il peut être désigné pour le remplacer.

**Le Garde : (Frère Portier)**

Il est responsable du secret et de la discrétion des réunions de travail et des assemblées martinistes d'initiation. Il contrôle la régularité martiniste des Sœurs et Frères visiteurs. Il veille à ce que tous les Frères et sœurs portent convenablement les symboles de l'Ordre.

**Le Trésorier :**

Il a pour tâche de collecter les cotisations éventuelles des membres, de veiller à la bonne organisation financière du groupe, de recueillir les dons, de visiter les Sœurs et les Frères en détresse morale, physique ou autre et de leur venir en aide au nom du groupe aussi efficacement et matériellement qu'il est en son pouvoir de le faire et compte tenu des décisions prises par le Philosophe Inconnu.

**Le Secrétaire :**

Il tient le registre des procès-verbaux. Il est le dépositaire des archives et envoi les différentes convocations selon la demande du Philosophe Inconnu.

**Position des officiers dans le temple :**

Le Frère Initié : Il siège à la première place de la colonne du Sud.

Le Frère Inconnu : Il siège à la deuxième place de la colonne du Sud.

Le Frère Secrétaire : Il siège à la première place de la colonne du Nord.

Le Frère trésorier : Il siège à la deuxième place de la colonne du Nord.

Le Garde : Il siège à l'Ouest, face au Philosophe Inconnu.

# Rituels martinistes issue d'une Loge de recherche contemporaine

Le Martinisme n'est pas resté comme certains pourraient le croire un Grand conservatoire des rites. Au contraire, des recherches se sont poursuivies et de nouveaux rites ont été écrits. Respectueux des symboles essentiels de la tradition, ces rites cherchent à compléter et à répondre aux nécessités qui ont pu apparaître. Le premier rite est destiné à créer un lien avec la hiérarchie invisible du martinisme. Les deux rites suivants que nous reproduisons ci-après sont à placer dans une perspective de travail de groupe. Il s'agit du rite pour les réunions théurgiques et du rite de fondation d'une Loge.

Le premier est destiné aux groupes qui désirent placer leurs travaux dans une perspective théurgique, sans pour cela pratiquer la voie proprement martinéziste. La réunion est donc essentiellement consacrée à des pratiques opératives de groupe. Le second est destiné aux Loges martinistes désireuses de se fonder d'une manière réellement opérative en prenant en compte la dimension invisible.

## *Rituel de contact individuel à la chaîne martiniste*

L'histoire du Martinisme nous montre à plusieurs reprises la fragilité de la transmission historique réelle. Il en découle donc que les transmissions, les grandes maîtrises, les résurgences, etc. découlent bien souvent de la seule dimension spirituelle. Des chaînes historiques naissent ensuite, mais elles sont issues d'une opération spécifique qui a eu pour objectif de contacter un plan et des maîtres ayant le pouvoir d'insuffler une énergie, une autorité véritablement initiatique. Bien évidemment l'initiation préalable dans des chaînes occultes liées à l'égrégore visée est un atout non négligeable dans ce type de travail. Ainsi, l'on peut considérer qu'un individu possédant l'initiation aux hauts-grades du Rite Ecossais Rectifié et donc une certaine filiation spirituelle avec J. B. Willermoz, sera plus apte à tenter de créer une relation spirituelle avec Martinès de Pasqually et l'égrégore des Elus Cohens. L'exemple le plus proche de nous est celui de l'opération magique en sympathie qui avait été effectuée par Robert Ambelain, Robert Amadou et d'autres Frères qui utilisèrent un rite Elu-Cohen pour réveiller l'Ordre et le connecter de nouveau avec son égrégore. Il n'y avait aucune certitude à l'époque quant à la filiation historique, mais l'influx divin et les résultats tangibles des opérations suffirent pour renouer avec les mânes des ancêtres de cette tradition et insuffler une nouvelle énergie qui continue encore à œuvrer aujourd'hui.

Dans le principe, rien ne distingue ce type d'opération, du processus de contact individuel que nous décrivons ici. Il est tout à fait possible pour qui que ce soit, de procéder de la même façon et de chercher à se mettre en relation avec un égrégore particulier. L'aide d'une ascèse particulière, d'oraisons et d'opérations dans la mesure où l'intention est pure, sincère et altruiste seront toutefois nécessaires.

Nous ne sommes pas en train de dire qu'une telle opération doive être accomplie pour acquérir une quelconque Grande Maîtrise et créer ainsi un Ordre dont l'opérant deviendrait bien évidemment le " grand chef".

Ce que nous proposons ici n'a pas pour objectif de se passer d'une initiation formelle et de l'ensemble de ce processus de transformation. Il s'agit simplement de permettre à celui qui n'aurait pas la possibilité de la recevoir, de se connecter à l'égrégore et de pouvoir œuvrer sous la protection des Maîtres. Il est utile, avant quelques pratiques que ce soit, de s'imprégner de l'esprit de la tradition et donc de méditer sur des textes susceptibles d'amener l'esprit à une sorte de communication inconsciente avec les plans invisibles. Il est toutefois important d'éviter les lectures trop théoriques qui font appel à l'intellect. Nous cherchons au contraire à agir sur l'imaginaire et la foi de l'individu.

Pour cela nous vous conseillons d'utiliser d'une part " l'Imitation de Jésus-Christ " et d'autre part les œuvres de L.-C. de Saint-Martin. Il convient que vous lisiez chaque jour des passages du premier ouvrage de telle manière que vous vous en imprégniez lentement et régulièrement. Dans le cas des différents ouvrages de Saint-Martin, vous ne devez pas lire la totalité d'un ouvrage du début jusqu'à la fin. Il suffit que vous ouvriez au hasard, aussi souvent que possible, un des ouvrages de cet auteur et que vous lisiez le passage correspondant. Peu importe que vous le compreniez ou pas ; l'essentiel est que vous vous en imprégniez, la compréhension viendra plus tard.

Nous vous conseillons ensuite d'utiliser des oraisons simples, qu'elles soient tirées de la tradition chrétienne ou martiniste (les dix prières de Saint-Martin par exemple). Il est important que cette pratique soit quotidienne et régulière. L'objectif est une action lente, mais constante. Nous pourrions utiliser l'image de gouttes qui tombent régulièrement sur une roche de granit. Le rocher le plus dur en sera percé, ce qui ne serait pas le cas si vous y jetiez une grosse quantité d'eau. Il en est de même quant à la pratique des oraisons ou de toute autre technique d'harmonisation.

Nous vous conseillons d'observer ces préliminaires au minimum durant un cycle de quarante jours, durée traditionnelle des techniques d'ascèse occidentales. Vous choisirez ensuite un jour significatif qui soit situé à la pleine lune ou du moins en lune montante, au printemps. Vous pouvez choisir un dimanche matin, le début du rite étant fixé à l'heure magique du soleil. Bien évidemment ces indications peuvent être ignorées, le rite proposé n'étant pas de structure théurgique. Elles sont donc seulement une aide dans le processus de construction psychique entrepris.

Si vous le pouvez, vous vous procurerez une robe blanche (identique à une aube), une cordelière noire, trois bougies, une nappe blanche, trois rubans (un noir, un rouge et un blanc) et un encensoir.

Si vous ne pouvez-vous procurer tout cela nous vous conseillons de vous en rapprocher autant que possible et d'utiliser des vêtements amples et propres dans lesquels vous vous sentez bien.

Vous disposerez sur l'autel orienté à l'Est trois bougies, la pointe du triangle étant en direction de l'Est. Au centre de ce triangle de bougies se trouve l'encensoir. Entre celui-ci et la bougie de l'Est se trouve trois rubans (noir, rouge et blanc) orientés Nord, Sud.

Asseyez-vous face à l'autel que vous aurez installé et relaxez-vous durant quelques minutes.

Puis levez-vous et commencez à lire à voix intelligible le texte d'ouverture suivant :

*" - L'Orient s'illumine. le soleil se lève. L'œil du monde va s'ouvrir, la vérité va paraître.*

*Le Soleil s'obscurcira-t-il pour les profanes ? Refusera-t-il la chaleur et la vie aux ignorants ? Ne répartira-t-il pas ses influences bienfaisantes sur les méchants ?*

*Manifestation visible du centre invisible de toute vie et de toute lumière, le Soleil ne refuse ses influences astrales à personne, et tout être créé reçoit un rayon de la divine substance.*

*Mais pourquoi la Vérité ne serait-elle pas manifestée ? Pourquoi refuserions-nous de faire participer à son influence l'homme de désir ?*

> *Le Soleil se lève. Que les voiles tombent comme se dissipent les ombres de la nuit !"*

Restez quelques instants silencieux et recueilli. Puis saisissez votre allumeur et prononcez l'invocation suivante :

> *" Triple Lumière mystérieuse et Divine, Feu sacré, Âme de l'univers, Principe éternel des Mondes et des Êtres, éclaire mon esprit et mon cœur et répands en mon âme le feu vivifiant de la Vérité.*
>
> *Que la Sagesse, la Force et la Beauté se manifestent dans cette cérémonie placée sous les auspices du Grand Architecte des Mondes.*

Que ces flambeaux illuminent mon être de leur clarté." Allumez alors les trois flambeaux disposés sur votre autel en commençant par celui qui est le plus près de l'Orient, puis celui de droite et enfin celui de gauche.

Observez quelques instants de silence. Allumez ensuite le charbon et versez-y un peu d'encens en disant :

> *" Reçois, Ô Grand Architecte des Mondes, mon hommage. Que cet encens que je t'offre soit une image véritable de la pureté de ma parole et de mon intention pour ta plus grande gloire et justice.*
>
> *Que ce parfum soit l'image de la prière que je t'offrirai pour l'éternité.*
>
> *Qu'il soit l'emblème de la ferveur avec laquelle je t'invoque pour m'avancer vers ma réconciliation afin que je sois sincèrement uni à l'ange à qui tu as donné le soin de m'accompagner et de m'assister.*

Reçois ce parfum comme le témoignage de mon amour." Élevez l'encensoir et balancez-le douze fois vers l'Orient. Puis reposez-le sur l'autel. Frappez alors à l'aide d'une clochette ou tout simplement à l'aide de la main, douze coups lents et détachés sur l'autel. Saisissez-vous alors du livre de la Bible et ouvrez-le au " Prologue de l'Évangile de Jean". Lire le texte. (Jn 1 :1 à 1 :14)

Reposez ensuite la Bible sur l'autel en la laissant ouverte à cette page. Restez quelques instants en méditation silencieuse dans la position qui vous semble la plus appropriée. Puis récitez les prières ou oraisons que vous aviez l'habitude d'utiliser durant votre préparation, de telle sorte que vous vous mettiez en relation avec les plans invisibles et divins. Reprenez la Bible et lisez le texte de la Genèse. (Gn 1 :1 à 2 :3). Restez quelques instants en méditation silencieuse dans la position qui vous semble la plus appropriée. Levez-vous et commencez l'invocation des Maîtres passés de la tradition martiniste :

*"J'invoque à cet instant les Maîtres secrets de la chaîne astrale du Martinisme. Le pur désir de mon cœur se tourne vers vous et vous invoque. Écoutez ma voix et mon appel.*

*J'invoque l'influence du Vénérable Fondateur de la tradition martiniste :*

*Ô Martinès de Pasqually, toi qui as fondé l'Ordre martiniste avec l'appui des Principes vivants de l'Invisible, entends mon appel et dirige vers moi ton influence protectrice et vivifiante de telle sorte que mon âme soit placée dans le courant vers lequel je marche. Donne-moi le soutien des forces secrètes et astrales de ton Ordre.*

*J'invoque tous ceux qui travaillèrent à la Gloire de l'Ordre martiniste dans le monde visible.*

*J'invoque donc Louis-Claude de Saint-Martin, Jean-Baptiste Willermoz et tous leurs disciples dans l'Ordre invisible.*

*Ô Maîtres invisibles de l'Ordre martiniste, vous tous qui avez connu la Lumière secrète et avez participé à ses activités, vous tous qui avez toujours été les chevaliers fidèles de Ieoschouah, venez auprès de moi m'apporter votre bénédiction et votre assistance pour l'œuvre que j'accomplis aujourd'hui. Qu'en ce jour les influences sous lesquelles je me place me permettent de faire croître mon désir de perfectionnement physique, moral et spirituel."* Observez quelques minutes de silence, puis dites : *"J'invoque maintenant les influences de l'Invisible.*

*Viens à moi, ô Noudo-Raabts !*

*Viens à moi, ô Ieoschouah Omeros !*

*Au nom de Yod-He-schin-vav-Hé.*

*Par I. N. R. I., Amen !"*

Observez un moment de silence, puis frappez sept coups nets et détachés sur l'autel ou à l'aide la clochette. Dites ensuite :

*"Qu'en la présence et sous la protection des maîtres le rite s'accomplisse !"*

Visualisez-vous maintenant entouré d'une lumière blanche et incandescente. Puis densifiez cette visualisation et visualisez-vous revêtu d'une robe de lin blanche. Dites alors :

*"Blanchis moi Seigneur et purifies mon cœur, afin qu'étant lavé dans le sang de l'agneau, je jouisse un jour des joies éternelles, mon âme enfin réconciliée. Que la pureté de cette robe rejaillisse en mon être et qu'ainsi je puisse progresser vers ma réintégration spirituelle."*

Visualisez ensuite une cordelière noire attachée autour de votre taille, puis dites :

*"Daigne Seigneur miséricordieux, éteindre en moi l'ardeur des passions mauvaises afin que la vertu, la force et la pureté demeurent en moi. Que ce lien soit la chaîne visible qui me rattache aux Maîtres passés présents à cet instant autour de moi. Qu'à chaque instant mes actes soient jugés dignes d'être inscrits sur les tables de notre tradition."*

Visualisez ensuite que vous êtes revêtu d'une cape noire qui vous entoure et vous protège. Dites alors :

> *"Que ce manteau de protection me permette d'entrer en mon être, de disparaître aux yeux du monde et de prénétrer le monde invisible."*

Visualisez ensuite un masque noir sur votre visage et dites :

> *"Par ce masque ma personnalité profane disparaît. Je deviens un inconnu au milieu d'autres inconnus. Je n'ai plus à redouter les susceptibilités mesquines auxquelles je suis astreinte dans ma vie quotidienne. Je suis protégé contre les pièges de l'ignorance et je peux dès que je le souhaite entrer en moi pour découvrir le sanctuaire sacré dans lequel la vérité délivre ses oracles."*

Levez-vous et saisissez l'épée. Levez le bras de telle sorte que la pointe soit dressée vers le ciel et dites :

> *"Que les chérubins présents à l'Orient du jardin reconnaissent ce signe et qu'ils sachent que je fais le serment de cultiver la vertu, de respecter et de louer le Grand Architecte des Mondes. Vous, Gardiens des terres d'où je naquis, sachez qu'à cette heure j'entreprends le chemin qui me mènera devant vous pour réintégrer ma demeure céleste."*

Agenouillez-vous devant l'autel face à l'Orient. Restez quelques instants silencieux. Puis dites :

> *"En présence des Maîtres passés et des Puissances et Créatures invisibles de l'Ordre Martiniste, je prends à cet instant le nom de ............ (Nom ésotérique qui sera porté durant les activités martinistes) et ferai en sorte de le porter dignement dans chacune de mes activités sur le sentier du Martinisme."*

> *Restez silencieux quelques instants encore, puis prononcez mentalement les phrases consécratoires suivantes, en imaginant qu'il s'agit d'un des Maîtres de la chaîne martiniste qui s'adresse à vous :*

> *"Toi ………… (Votre nom civil et ésotérique) je te reçois et t'introduis à cette heure dans la chaîne et l'égrégore martiniste. Reçois ta consécration d'homme de désir afin que chacun de tes pas te rapproche davantage de ta réintégration."*

(Vous pouvez évidemment laisser venir à vous toute parole spontanée à partir de celles qui viennent d'être prononcées.) Restez quelques instants en méditation. Levez-vous et prononcez alors le Pater dans la langue de votre choix, puis procédez à la clôture du rite. Frappez sept coups lents et détachés sur l'autel. Puis dites :

> *"Ô hommes régénérés, vous qui manifestez en l'invisible les pouvoirs divins, je vous remercie d'avoir été présents à ce rite. Ô Maîtres passés soyez loués de m'avoir apporté votre bénédiction.*
>
> *Vous Saints Êtres, dont j'aspire à devenir le disciple, daignez me montrer la Lumière que je cherche, et m'accorder l'aide puissante de votre Compassion et de votre Sagesse !*
>
> *Au nom de Iod-Hé-Schin-Vav-Hé.*
>
> *Par INRI. Amen."*

Éteignez les bougies en disant :

> *"Que cette triple lumière soit placée sous le boisseau et qu'elle continue à répandre sa lumière dans mon âme purifiée."*

Puis frappez sept coups lents et détachés sur l'autel. Terminez en disant :

> *"A la gloire de IESCHOUAH et du G. A. Des Mondes, sous les auspices du Philosophe Inconnu notre vénérable maître, mes travaux d'aujourd'hui sont suspendus. Puissais-je cultiver la prudence et la discrétion sur mes travaux et contacts avec la chaîne invisible de l'Ordre martiniste."*

Frappez un coup sec sur l'autel. Le rite est terminé. Vous pouvez ranger les décors et poursuivre la journée ou la soirée par des activités calmes et vertueuses.

## *Rituel des tenues théurgiques*

Le temple est décoré de la manière accoutumée. Toutefois des cadres ou cartons à dessin sont accrochés sur les murs, tout autour de la pièce. Sur chacun d'eux se trouve une lettre de l'alphabet hébraïque. La première se trouve sur le mur Est, à droite du pentacle martiniste et la dernière à gauche de celui-ci, toutes les lettres ayant été accrochées en cercle autour du temple.

### 1- Purification :

Les luminaires et l'encens sont allumés sur l'autel de la manière accoutumée. Le Phil. Inc. se lève et saisit l'encensoir. Il se rend au centre du temple et fait face à l'Est. Là il l'élève en disant :

> *" Par l'intercession du Bienheureux Michel Archange, lequel se tient à la droite de l'Autel des parfums, par l'intercession de tous Tes Élus, de tous tes Saints et de tous Tes Anges, daigne Seigneur bénir et sanctifier cet encens et en agréer le parfum en douce odeur de suavité. Que cette composition aromatique soit une perpétuelle défense contre tous les Esprits Mauvais, contre toutes les Incantations, Prestiges et autres vexations diaboliques proférés et évertués par le Monde ; que cet encens soit une perpétuelle expulsion de tous les esprits de prévarication et que jamais aucun maléfice ne puisse séjourner en ce lieu. Je te demande au contraire, alors que se répands la douce odeur de ce mélange aromatique, qu'accourent et s'empressent en ce lieu, tous les Anges et Esprits de lumière ainsi que toutes les Âmes de nos Frères enfin réconciliés.*
>
> *Par Ieshouah. Amen !"*

Le Phil. Inc. se rend à l'Est et encense cette direction à quatre reprises. Puis il se rend au Sud en décrivant un demi-cercle autour du lieu de travail. Là il encense de nouveau à quatre reprises, puis procède de même à l'Ouest et au Nord avant de conclure à l'Est. Il rejoint ensuite le centre du lieu, reste quelques instants silencieux et va reposer l'encensoir là où il doit se trouver. Il se saisit ensuite du luminaire des Maîtres passés et se rend au centre du temple. Après quelques instants de silence, il élève le flambeau et dit :

> *"Je vous invoque Ô Maîtres passés, afin que par votre présence vous bénissiez ce temple et qu'il soit placé sous votre haute protection."*

Le Phil. Inc. se rend à l'Est et trace à l'aide du luminaire une croix cerclée. Cela signifie que la flamme dessine la forme précitée, comme si elle se trouvait sur une surface plane et verticale. Puis tenant toujours le luminaire à la hauteur du centre de la croix, il se rend au Sud et trace la même croix cerclée. Puis il procède de même au Sud et à l'Ouest, jusqu'à conclure à l'Est. Il repose ensuite le flambeau à l'emplacement qui lui est réservé. Il regagne alors sa place.

## 2- Les forces spirituelles :

### A) Oraison :

Phil. Inc. :

> *"O Père Céleste, Créateur très clément et miséricordieux, purifie-nous ! Daigne répandre sur nous ta sainte bénédiction. Étends ton bras puissant sur nous afin que par tes Ordres nous puissions participer à ton divin travail, être doués de toute sagesse, et toujours glorifier et adorer ton Saint Nom. Je t'invoque et te supplie du plus profond de mon cœur. Que ces forces que nous appelons par ta puissance viennent pour nous réconforter et nous purifier. Que ces forces se manifestent, vivifiant notre œuvre et apportant la paix, l'équilibre et l'amour que nous demandons en ton Saint Nom. Qu'elles se manifestent sans causer d'épouvante ou de terreur à qui que ce soit, sans nous blesser, ni nuire à aucune créature."*

## B) Circumambulation :

Les officiers accomplissent trois circumambulations autour du temple à partir de l'Orient.

## 3. La force de Dieu :

Tous invoquent l'esprit divin en déclamant à haute voix le *Veni Creator* :

> *" Venez, esprit créateur, descendez dans les âmes de ceux qui sont à vous et remplissez de la grâce divine les cœurs que vous avez créés. Esprit consolateur, don du Dieu très haut, source de vie, charité et onction divine. Vertu de la droite de Dieu qui répandez sur nous vos sept dons, selon la promesse du Père, mettez sa parole sur nos lèvres, éclairez nous de votre lumière, répandez votre amour dans nos cœurs et fortifiez à tout instant notre chair intime et défaillante. Repoussez loin de nous l'ennemi et donnez-nous la paix. Guidés ainsi par vous, nous éviterons tout ce qui peut nous nuire. Apprenez-nous à connaître le Père. Apprenez-nous à connaître le Fils. Soyez à jamais l'objet de notre amour et de notre foi."*

Texte latin :

> *" Veni creator spiritus, mentes tuorum visita, imple superna gratia quae tu creavit pectora. Qui diceris paraclitus, altissimi donum dei, fous vivus, ignis, charitas, et spiritalis onctio. Tu septiformis mumere digitus paternae dexterae. Tu rite promissum Patris, Sermone ditans guttura. Accende lumen sensibus, infunde amorem cordibus, infirma nostri corporis virtute firmans perpeti. Hostem repellas longius, pacemque dones protinus ; Ductore sicte praevio vitemus omne noxium. Per te scianus da Patrem noscamus at que Fillium, Te utrius que Spiritus Credamus omni tempore."*

## 4. Prologue :

## A) Genèse :

La Phil. Inc. lit le texte de la Genèse soit en français, soit en hébreu. Lors de la prononciation des formules 1° jour, 2° jour, etc. une batterie est frappée.

> *"I- 1 Au commencement, Dieu avait créé le ciel et la terre. Or, la terre n'était que solitude et chaos ; des ténèbres couvraient la face de l'abîme. Et le souffle de Dieu planait sur la face des eaux. 3 Dieu dit : "Que la lumière soit !.." Et la lumière fut. 4 Dieu considéra que la lumière était bonne, et il établit une distinction entre la lumière et les ténèbres. 5 Dieu appela la lumière Jour, et les ténèbres, il les appela Nuit. Il fut soir, il fut matin, premier jour.*
>
> *6 Dieu dit : "Qu'un espace s'étende au milieu des eaux, et forme une barrière entre les unes et les autres." 7 Dieu fit l'espace, opéra une séparation entre les eaux qui sont au-dessous et les eaux qui sont au-dessus, et cela demeura ainsi. Dieu nomma cet espace le Ciel. Le soir se fit, le matin se fit, second jour. 9 Dieu dit : " Que les eaux répandues sous le ciel se réunissent sur un même point, et que le sol apparaisse." Cela s'accomplit. 10 Dieu nomma le sol la Terre, et l'agglomération des eaux, il la nomma les Mers. Et Dieu considéra que c'était bien. 11 Dieu dit : "Que la terre produise des végétaux, savoir ; des herbes renfermant une semence ; des arbres fruitiers portant, selon leur espèce un fruit qui perpétue sa semence sur la terre." Et cela s'accomplit. 12 La terre donna naissance aux végétaux : aux herbes qui développent leur semence selon leur espace. Et aux arbres portant, selon leur espèce, un fruit qui renferme sa semence. Et Dieu considéra que c'était bien. 13 Le soir se fit, le matin se fit, troisième jour. 14 Dieu dit " Que des corps lumineux apparaissent dans l'espace des cieux, pour distinguer entre le jour et la nuit ; ils serviront de signes pour les saisons,*

*pour les jours, pour les années ; 15 et ils servirons de luminaires, dans l'espace céleste pour éclairer la terre." Et cela s'accomplit. 16 Dieu fit les deux grands luminaires, le plus grand luminaire pour la royauté du jour, le plus petit luminaire pour la royauté de la nuit, et aussi les étoiles. 17 Et Dieu les plaça dans l'espace céleste pour rayonner sur la terre ; 18 pour régner le jour et la nuit, et pour séparer la lumière des ténèbres. Dieu considéra que c'était bien. 19 Le soir se fit, le matin se fit, quatrième jour.*

*20 Dieu dit : " Que les eaux fourmillent d'une multitude animée, vivante ; et que des oiseaux volent au-dessus de la terre travers l'espace des cieux." 21 Dieu créa les cétacés énormes, tous les êtres animés qui se meuvent dans les eaux, où ils pullulèrent selon leurs espèces, puis tout ce qui vole au moyen d'ailes, selon son espèce ; et Dieu considéra que c'était bien. 22 Dieu les bénit en disant : "Croissez et multipliez ! remplissez les eaux, habitants des mers ; oiseaux, multipliez sur la terre !" Le soir se fit, le matin se fit, cinquième jour.*

*24 Dieu dit : "Que la terre produise des êtres animés selon leurs espèces : bétail, reptiles, bêtes sauvages de chaque sorte." Et cela s'accomplit. 25 Dieu forma les bêtes sauvages selon leurs espèces, de même les animaux qui paissent selon leurs espèces, de même tous ceux qui rampent sur le sol selon leurs espèces. Et Dieu considéra que c'était bien. 26 Dieu dit : " Faisons l'homme à notre image, à notre ressemblance, et qu'il domine sur les poissons de la mer, sur les oiseaux du ciel, sur le bétail ; enfin sur toute la terre, et sur tous les êtres qui s'y meuvent." 27 Dieu créa l'homme à son image ; c'est à l'image de Dieu qu'il le créa. Mâle et Femelle furent créés à la fois. 28 Dieu les bénit en leur disant : " Croissez et multipliez ! Remplissez la terre et soumettez-la ! Commandez aux poissons de la mer, aux oiseaux du ciel, à tous les animaux qui se meuvent sur la terre !" 29 Dieu ajouta : " Or, je vous accorde tout herbage portant graine, sur toute la face de la terre, et tout arbre portant graine sur toute la face de la terre, et tout arbre portant des fruits qui deviendront arbres par le développement du germe. Ils serviront à votre nourriture. 30 Et aux animaux sauvages, à tous les oiseaux du ciel, à tout ce qui se meut sur la terre et possède un principe de vie, j'assigne toute verdure végétale pour nourriture." Et il en fut ainsi. Dieu examina tout ce qu'il avait fait : c'était éminemment bien. Le soir se fit, puis le matin ; ce fut le sixième jour.*

*II- 1 Ainsi furent terminés les cieux et la terre, avec tout ce qu'ils renferment. 2 Dieu mit fin, le septième jour, à l'œuvre faite par lui ; et il se reposa, le septième jour, de toute l'œuvre qu'il avait faite. 3 Dieu bénit le septième jour et le proclama saint, parce qu'en ce jour il se reposa de l'œuvre entière qu'il avait produite et organisée.*

## B) Invocation des puissances archétypales :

Le Phil. Inc. se rend face à chaque lettre hébraïque décorant les murs du temple. Le Maître initié l'accompagne en tenant l'encensoir. Tous se concentrent sur la puissance correspondant à la lettre qui va être invoquée. Puis le Maître initié élève l'encensoir vers la lettre et le Philosophe Inconnu vibre l'invocation de la lettre à haute voix. Tous s'unissent silencieusement à cette invocation.

## 6 - Invocation de l'égrégore de la Loge :

Cette invocation rituelle est à élaborer pour chaque Loge en particulier, d'après sa dénomination et les auspices choisis lors de sa fondation.

## 7- Adjurations préliminaires :

***L'Expert*** *: Les abords de la Chambre sont déserts, les échos demeurent silencieux, le Garde est à son poste, et tous les Martinistes présents ont le mot de passe.*

*Le Frère Inconnu* : *Donnez-moi le mot de passe (cet Ordre est exécuté).*

*Le Frère Inconnu (Un coup). Les officiers reprennent leurs places). Très Sage, nous sommes convenablement protégés.*

*Le Philosophe Inconnu* : *Frère Inconnu, êtes-vous Martiniste ?*

*Le Frère Inconnu* : *Je suis un Philosophe de l'Unité, Très Sage.*

*Le Philosophe Inconnu* : *A quel moment les Martinistes commencent-ils leurs Travaux ?*

*Le Frère Inconnu* : *Le travail d'un Martiniste n'est jamais interrompu, Très Sage.*

*Le Philosophe Inconnu : Pourquoi ?*

*Le Frère Inconnu* : *Parce que le but qu'il se propose demande l'usage constant de ses facultés intellectuelles, excepté pendant quelques moments de repos corporel qu'exige la faiblesse de nature physique.*

*Le Philosophe Inconnu* : *Et quand ont lieu ces moments de repos corporel que nos traditions accordent au Martiniste ?*

*Le Frère Inconnu* : *Lorsque le soleil, manifestation visible de l'Invisible Centre de toute vie et de toute lumière, répand sur chaque créature sa vivifiante influence.*

*Le Philosophe Inconnu* : *Quand le Martiniste est-il alors le plus empressé au travail ?*

*Le Frère Inconnu* : *Pendant les heures des ténèbres physiques, dans le profond silence de la méditation, lorsque l'illumination, pénétrant dans le Centre même de la Nature, découvre la source de toute nature et de toute vérité, et s'unit en esprit avec les agents vertueux du Plerome.*

**Le Philosophe Inconnu :** Quelle heure est-il ? (Douze coups sont frappés lentement sur un gong sonore)

**Le Frère Inconnu :** Il est minuit chez les profanes, mais le soleil intellectuel se lève sur cette assemblée. (Ici le feu du centre est allumé)1.    Lecture de la Charte du Suprême Conseil.

Debout et à l'Ordre, mes Frères et Sœurs. (Tous les assistants se lèvent.)

**Le Philosophe Inconnu** : Pourriez-vous, Ô M. Associé, unir la Loge que nous constituons aux puissances visibles et invisibles qui dirigent notre Ordre Vénérable ?

**Le Maître Associé** : Oui, T. P. M., nous le pouvons par l'invocation des Maîtres secrets de notre chaîne astrale, si les cœurs des FF : : ici présents sont aimantés par un pur désir.

**Le Philosophe Inconnu** : M. Associé, veuillez faire appel aux influences du Fondateur Vénérable de notre Ordre.

**Le Maître Associé** : O Martinès de Pasqually, toi qui as fondé notre Ordre avec l'appui des Principes vivants de l'Invisible, protège cette Loge ouverte à la Gloire du G. A. de l'U. Et donne-nous le soutien des forces secrètes de l'Ordre dans le Plan Astral.

**Le Philosophe Inconnu** : Après ce fondateur de l'Ordre, quels sont encore nos appuis dans l'invisible, P. M. Initié ?

**Le Maître Initié** : Tous ceux qui travaillèrent à la Gloire de notre Ordre dans le monde visible, et surtout les T. P. M. Louis-Claude de Saint-Martin, Jean-Baptiste Willermoz et tous leurs disciples dans l'Ordre invisible.

**Le Philosophe Inconnu** : Veuillez, P. M. Initié, faire appel à ces Maîtres vénérés.

**Le Maître Initié** : Ô Maîtres invisibles de notre Ordre, ô vous tous qui, à la suite de Louis-Claude de Saint-Martin et de J. B. Willermoz avez connu la Lumière secrète et avez participé à ses activités, vous qui avez toujours été les chevaliers fidèles de Ieoschouah, le Réparateur, venez aimanter de votre influence l'œuvre que nous commençons aujourd'hui d'un cœur pur et avec d'ardents désirs de nous perfectionner physiquement, moralement et spirituellement.

**Le Philosophe Inconnu** : (Il frappe trois coups ; les Frères se lèvent) Mes Frères, unis en corps, soyons unis en vie et en esprit ; invoquons les influences de l'Invisible, car la lumière visible éblouit nos yeux.

**Le Philosophe Inconnu** : Viens à nous, ô Noudo-Raabts !

**Le Frère Inconnu** : Viens, ô Ieoschouah Omeros !

**Le Frère Initié** : Au nom de Yod-He-schin-vav-Hé.

**Le Frère Associé** : Par I. N. R. I., Amen !(Silence)

**Le Philosophe Inconnu** : frappe trois coups lentement.

**Le Frère Inconnu** : frappe trois coups lentement.

**Le Frère Initié** : frappe un coup.

**Le Philosophe Inconnu** : Au nom du Suprême Conseil de l'Ordre Martiniste, Nous, Délégué spécialement à cet effet, déclarons la Puissante Loge N°.. ouverte à la Gloire de Iéschouah G. A. de l'U. Et sous les auspices du Phil. Inc., N. V. M. Prenez place, mes Frères et Sœurs.

## 8 - Lecture et commentaire :

Lecture et commentaire par le Philosophe Inconnu, ou par un des officiers désignés par lui, d'un texte hermétique en rapport avec la voie théurgique et magique.

## 9 - Travail du jour :

Exposé d'un Frère ou d'une Sœur sur un thème particulier en rapport avec la théurgie ou la magie.

## 10 - Enseignements et pratiques opératives :

Les bases des différentes techniques des traditions occidentales seront abordées, enseignées et pratiquées. Cette pratique ponctuelle trouvera bien sûr son prolongement dans le travail individuel en dehors des réunions.

## 11 - Le retrait (Clôture des travaux) :

**a) L'égrégore de la Loge est rituéliquement relâchée.**

> ***Le Phil. Inc.*** *: " Soyez remerciés, Maîtres passés d'avoir été présents lors de nos travaux. Puisiez-vous recevoir la bénédiction de l'Éternel Iavéh et de son fils, notre Maître et Seigneur Iéschouah."*
>
> *b) Les officiers accomplissent trois circumambulations autour du temple, à partir de l'orient, dans le sens contra-horaire. Le Philosophe Inconnu regagne le centre et déclare :*

*" Pax In Lux ! "*

## 12 - Pax in lux :

Les officiers et tous les Frères et Sœurs forment la chaîne au centre du temple et récitent le PATER en Hébreu ou en Grec.

### Pater Noster (Prononciation du texte hébreu) :

*"Avinou chébachamaïm, itquadach chméra, tavo malroutéra iéasséh rétsonéira kmo bachamaïm ken baaretz. Et lereum rouquénou ten lanou aiom. Ouslar lanou eut rovoténou, quaachèr salarnou gam anarnou léraiavénou. Veal tviénou lidé nissaïon ki im raltsénou min ara, ki léra hamamlérah veagvourah vehatiphéreth leolmé olamim ; amen."*

Les lumières sont éteintes.

Les Frères et Sœurs quittent le temple, conduits par le Frère Portier.

Les officiers restent quelques instants en silence puis quittent à leur tour le temple.

**Sâr ADAD**

## *RITE DE FONDATION D'UNE LOGE MARTINISTE*

### Temps :

Toute période de l'année. Idéalement un dimanche à la première heure du jour. (La durée du jour est divisée par douze. Ce résultat donne la durée de l'heure magique du jour correspondant. Le lever du soleil est calculé pour le lieu où l'on œuvre. Il est alors aisé de calculer la durée de la première heure durant laquelle le rite doit être débuté. Il est à préciser que le début du rite enracine l'opération dans l'heure magique adéquate, l'influence se poursuivant tout au long du travail.)

## Temple et Opérants :

### Partie I

Le temple martiniste est installé comme pour les tenues mystiques. A l'Orient le pentacle martiniste surmonté du nom de Iéschouah en hébreu, encadré de deux bannières. La première est blanche et porte une croix rouge, la seconde est blanche et porte un chrisme rouge. A l'Occident se trouve le portrait de Saint-Martin.

Au sol, le tapis du premier degré n'est pas en place. L'autel du Maître sert d'autel pour la liturgie qui va se dérouler. Il est éclairé par un chandelier à sept branches.

Tous portent les insignes de leur degré au grade mystique.

### Parties II - III

Le décor est identique. Cependant l'arrangement de l'autel est remplacé par le décor martiniste du premier degré.

Le tapis vert est placé sur le sol.

### Parties IV - V

Les spécificités du décor pour le travail théurgique sont rajoutées. Par exemple, les 22 lettres hébraïques peuvent être accrochées au mur, des colonnes installées, etc.

Les Frères et Sœurs arborent le pentacle hébraïque et revêtent les insignes propres à ce travail.

**Note** : Les rituels ne doivent pas être distribués aux Frères et Sœurs afin d'éviter une lecture de ceux-ci au lieu d'une attention constante de la cérémonie. Lorsqu'il y a participation, par vibrations ou gestes, les Officiants l'indiquent à mi-voix. Il est cependant souhaitable que chacun ait lu le rite avant d'y participer, sans cependant le conserver, ou qu'il soit expliqué auparavant par le responsable.

## PARTIE I

### 1- Purification :

Les luminaires et l'encens sont allumés sur l'autel de la manière accoutumée.

Le Phil. Inc. se lève et saisit l'encensoir. Il se rend au centre du temple et fait face à l'Est. Là il l'élève en disant :

> *" Par l'intercession du Bienheureux Michel Archange, lequel se tient à la droite de l'Autel des parfums, par l'intercession de tous Tes Élus, de tous tes Saints et de tous Tes Anges, daigne Seigneur bénir et sanctifier cet encens et en agréer le parfum en douce odeur de suavité. Que cette composition aromatique soit une perpétuelle défense contre tous les Esprits Mauvais, contre toutes les Incantations, Prestiges et autres vexations diaboliques proférés et évertués par le Monde ; que cet encens soit une perpétuelle expulsion de tous les esprits de prévarication et que jamais aucun maléfice ne puisse séjourner en ce lieu. Je te demande au contraire alors que se répands la douce odeur de ce mélange aromatique, qu'accourent et s'empressent en ce lieu, tous les Anges et Esprits de lumière ainsi que toutes les Âmes de nos Frères enfin réconciliés.*
>
> *Par Ieshouah. Amen !"*

Le Phil. Inc. se rend à l'Est et encense cette direction à quatre reprises. Puis il se rend au Sud en décrivant un demi cercle autour du lieu de travail. Là il encense de nouveau à quatre reprises, puis procède de même à l'Ouest et au Nord avant de conclure à l'Est. Il rejoint ensuite le centre du lieu, reste quelques instants silencieux et va reposer l'encensoir là où il doit se trouver.

Il se saisit ensuite du luminaire des Maîtres passés et se rend au centre du temple. Après quelques instants de silence, il élève le flambeau et dit :

*" Je vous invoque, Ô Maîtres passés afin que par votre présence vous bénissiez ce temple et qu'il soit placé sous votre haute protection."*

Le Phil. Inc. se rend à l'Est et trace à l'aide du luminaire une croix cerclée. Cela signifie que la flamme dessine la forme précitée, comme si elle se trouvait sur une surface plane et verticale. Puis tenant toujours le luminaire à la hauteur du centre de la croix, il se rend au Sud et trace la même croix cerclée. Puis il procède de même au Sud et à l'Ouest, jusqu'à conclure à l'Est.

Il repose ensuite le flambeau à l'emplacement qui lui est réservé.

Il regagne ensuite sa place.

## 2- Les forces spirituelles :

### A) Oraison :

*Phil. Inc. :*

*" O Père Céleste, Créateur très clément et miséricordieux, purifie-nous ! Daigne répandre sur nous ta sainte bénédiction. Étends ton bras puissant sur nous afin que par tes Ordres nous puissions participer à ton divin travail, être doués de toute sagesse, et toujours glorifier et adorer ton Saint Nom. Je t'invoque et te supplie du plus profond de mon cœur. Que ces forces que nous appelons par ta puissance viennent aussitôt pour nous réconforter et nous purifier. Que ces forces se manifestent, vivifiant notre œuvre et apportant la paix, l'équilibre et l'amour que nous demandons en ton Saint Nom. Qu'elles se manifestent sans causer d'épouvante ou de terreur à qui que ce soit, sans nous blesser, ni nuire à aucune créature."*

**B) La clef énochienne I :**

La clef énochienne I est déclamée en français ou en énochien si le Phil. Inco. a l'habitude de la prononciation de cette langue. Le Philosophe Inconnu est debout au milieu du temple, face à l'orient.

*Le Phil. Inc. :*

*"Je règne sur vous, dit le Dieu de Justice, en pouvoir exalté au-dessus des firmaments de colère. Dans ses mains, le Soleil est comme une épée et la Lune comme un feu pénétrant. Moi qui ai mesuré vos vêtements du sein de mes propres parures, et qui vous ai rassemblés comme les paumes de mes mains. Moi qui ai garni vos sièges du feu des moissons et qui ai embelli vos vêtements d'admiration. Je vous ai donné une loi pour gouverner les êtres saints. Et je vous ai livré des verges avec l'arche de connaissance. De plus, vous avez élevé la voix et vous avez juré obéissance et foi à Celui qui vit et qui triomphe, pour qui nul commencement n'existe, ni fin ne peut arriver. Il brille comme une flamme au milieu de votre palais, et règne parmi vous comme la balance de rectitude et de vérité. Venez donc et apparaissez. Ouvrez les Mystères de votre Création. Soyez-moi amicaux, car je suis le serviteur du même, votre Dieu, le véritable adorateur du Très-Haut."*

*Les trois archanges sont invoqués à haute voix par le Phil. Inc. :*

LEXARPH / *Prononciation* LÈKSORePIR

COMANAN / *Prononciation* KOMA-NANe

TABITOM / *Prononciation* TA-BI-TOMe

**Circumambulation :**

Les officiers accomplissent trois circumambulations autour du temple à partir de l'orient.

## 3- La force de Dieu :

Tous invoquent l'esprit divin en déclamant à haute voix le Veni Creator :

*" Venez, esprit créateur, descendez dans les âmes de ceux qui sont à vous et remplissez de la grâce divine les cœurs que vous avez créés. Esprit consolateur, don du Dieu très haut, source de vie, charité et onction divine. Vertu de la droite de Dieu qui répandez sur nous vos sept dons, selon la promesse du Père, mettez sa parole sur nos lèvres, éclairez nous de votre lumière, répandez votre amour dans nos cœurs et fortifiez à tout instant notre chair intime et défaillante. Repoussez loin de nous l'ennemi et donnez-nous la paix. Guidés ainsi par vous, nous éviterons tout ce qui peut nous nuire. Apprenez-nous à connaître le Père. Apprenez-nous à connaître le Fils. Soyez à jamais l'objet de notre amour et de notre foi."*

### Texte latin :

*" Veni creator spiritus, mentes tuorum visita, imple superna gratia quae tu creavit pectora. Qui diceris paraclitus, altissimi donum dei, fous vivus, ignis, charitas, et spiritalis onctio. Tu septiformis mumere digitus paternae dexterae. Tu rite promissum Patris, Sermone ditans guttura. Accende lumen sensibus, infunde amorem cordibus, infirma nostri corporis virtute firmans perpeti. Hostem repellas longius, pacemque dones protinus ; Ductore sicte praevio vitemus omne noxium. Per te scianus da Patrem noscamus at que Fillium, Te utrius que Spiritus Credamus omni tempore."*

## 4. Prologue :

La Phil. Inc. lit le texte de la Genèse soit en français, soit en hébreu. Lors de la prononciation des formules 1° jour, 2° jour, etc. une batterie est frappée.

*"I- 1 Au commencement, Dieu avait créé le ciel et la terre. Or, la terre n'était que solitude et chaos ; des ténèbres couvraient la face de l'abîme. Et le souffle de Dieu planait sur la face des eaux. 3 Dieu dit : "Que la lumière soit !" Et la lumière fut. 4 Dieu considéra que la lumière était bonne, et il établit une distinction entre la lumière et les ténèbres. 5 Dieu appela la lumière Jour, et les ténèbres, il les appela Nuit. Il fut soir, il fut matin, premier jour.*

*6 Dieu dit : "Qu'un espace s'étende au milieu des eaux, et forme une barrière entre les unes et les autres." 7 Dieu fit l'espace, opéra une séparation entre les eaux qui sont au-dessous et les eaux qui sont au-dessus, et cela demeura ainsi. Dieu nomma cet espace le Ciel. Le soir se fit, le matin se fit, second jour.*

*9 Dieu dit : "Que les eaux répandues sous le ciel se réunissent sur un même point, et que le sol apparaisse." Cela s'accomplit. 10 Dieu nomma le sol la Terre, et l'agglomération des eaux, il la nomma les Mers. Et Dieu considéra que c'était bien. 11 Dieu dit : "Que la terre produise des végétaux, savoir ; des herbes renfermant une semence ; des arbres fruitiers portant, selon leur espèce un fruit qui perpétue sa semence sur la terre." Et cela s'accomplit. 12 La terre donna naissance aux végétaux : aux herbes qui développent leur semence selon leur espace. Et aux arbres portant, selon leur espèce, un fruit qui renferme sa semence. Et Dieu considéra que c'était bien. 13 Le soir se fit, le matin se fit, troisième jour.*

*14 Dieu dit " Que des corps lumineux apparaissent dans l'espace des cieux, pour distinguer entre le jour et la nuit ; ils serviront de signes pour les saisons, pour les jours, pour les années ; 15 et ils serviront de luminaires, dans l'espace céleste pour éclairer la terre." Et cela s'accomplit. 16 Dieu fit les deux grands luminaires, le plus grand luminaire pour la royauté du jour, le plus petit luminaire pour la royauté de la nuit, et aussi les étoiles. 17 Et Dieu les plaça dans l'espace céleste pour rayonner sur la terre ; 18 pour régner le jour et la nuit, et pour séparer la lumière des ténèbres. Dieu considéra que c'était bien. 19 Le soir se fit, le matin se fit, quatrième jour.*

*20 Dieu dit : " Que les eaux fourmillent d'une multitude animée, vivante ; et que des oiseaux volent au-dessus de la terre travers l'espace des cieux." 21 Dieu créa les cétacés énormes, tous les êtres animés qui se meuvent dans les eaux, où ils pullulèrent selon leurs espèces, puis tout ce qui vole au moyen d'ailes, selon son espèce ; et Dieu considéra que c'était bien. 22 Dieu les bénit en disant : "Croissez et multipliez ! remplissez les eaux, habitants des mers ; oiseaux, multipliez sur la terre !" Le soir se fit, le matin se fit, cinquième jour.*

*24 Dieu dit : " Que la terre produise des êtres animés selon leurs espèces : bétail, reptiles, bêtes sauvages de chaque sorte." Et cela s'accomplit. 25 Dieu forma les bêtes sauvages selon leurs espèces, de même les animaux qui paissent selon leurs espèces, de même tous ceux qui rampent sur le sol selon leurs espèces. Et Dieu considéra que c'était bien. 26 Dieu dit : " Faisons l'homme à notre image, à notre ressemblance, et qu'il domine sur les poissons de la mer, sur les oiseaux du ciel, sur le bétail ; enfin sur toute la terre, et sur tous les êtres qui s'y meuvent." 27 Dieu créa l'homme à son image ; c'est à l'image de Dieu qu'il le créa. Mâle et Femelle furent créés à la fois. 28 Dieu les bénit en leur disant : " Croissez et multipliez ! Remplissez la terre et soumettez-la ! Commandez aux poissons de la mer, aux oiseaux du ciel, à tous les animaux qui se meuvent sur la terre !" 29 Dieu ajouta : " Or, je vous accorde tout herbage portant graine, sur toute la face de la terre, et tout arbre portant graine sur toute la face de la terre, et tout arbre portant des fruits qui deviendront arbres par le développement du germe. Ils serviront à votre nourriture. 30 Et aux animaux sauvages, à tous les oiseaux du ciel, à tout ce qui se meut sur la terre et possède un*

*principe de vie, j'assigne toute verdure végétale pour nourriture."
Et il en fut ainsi. Dieu examina tout ce qu'il avait fait : c'était éminemment bien. Le soir se fit, puis le matin ; ce fut le sixième jour.*

*II- 1 Ainsi furent terminés les cieux et la terre, avec tout ce qu'ils renferment. 2 Dieu mit fin, le septième jour, à l'œuvre faite par lui ; et il se reposa, le septième jour, de toute l'œuvre qu'il avait faite. 3 Dieu bénit le septième jour et le proclama saint, parce qu'en ce jour il se reposa de l'œuvre entière qu'il avait produite et organisée.*

## 5- Proclamation :

Le Philosophe Inconnu proclame de l'Orient face à l'Occident :

*"Je proclame un rite de fondation d'une Loge de l'Ordre Martiniste............ (Désignation de l'Ordre martiniste). Cette cérémonie va donner naissance et fonder la puissance dans l'invisible qui lui sera propre. Elle relève de tous les textes et intentions par lesquels la majesté du Très Haut et de son Fils deviendra tangible par la manifestation de leurs merveilles."*

## 6- La très Sainte Liturgie :

Celle-ci est accomplie selon le rite en vigueur parmi les Frères et Sœurs.

## 7- L'intention :

Lors des diptyques, l'intention suivante est déclamée par l'officiant.

*"Les Mystères de l'Éternel sont innombrables et voyez, moi.......... Prêtre (ou Évêque) de l'Église de Dieu, agissant par les pouvoirs qui m'ont été conférés, je déclare agir en ce rite afin*

*de fonder la Loge.......... de............. et de donner naissance à sa vie occulte.*

*Qu'elle devienne une entité vivante permettant l'éveil et la progression sur la noble voie des Frères et Sœurs qui y sont attirés ou qui s'y trouvent déjà."*

*Le rite se poursuit ensuite selon le texte de la Sainte Liturgie.*

## PARTIE II

### 8- Installation :

Le temple est installé selon le descriptif " Temple et opérants, parties II et III".

### 9- Adjurations préliminaires :

*L'Expert : Les abords de la Chambre sont déserts, les échos demeurent silencieux, le Garde est à son poste, et tous les Martinistes présents ont le mot de passe.*

**Le Frère Inconnu** : *Donnez-moi le mot de passe (cet Ordre est exécuté).*

**Le Frère Inconnu** *(Un coup). Les officiers reprennent leurs places). Très Sage, nous sommes convenablement protégés.*

**Le Philosophe Inconnu** : *Frère Inconnu, êtes-vous Martiniste ?*

**Le Frère Inconnu** : *Je suis un Philosophe de l'Unité, Très Sage.*

**Le Philosophe Inconnu** : *A quel moment les Martinistes commencent-ils leurs Travaux ?*

**Le Frère Inconnu** : *Le travail d'un Martiniste n'est jamais interrompu, Très Sage.*

*Le Philosophe Inconnu : Pourquoi ?*

***Le Frère Inconnu*** : *Parce que le but qu'il se propose demande l'usage constant de ses facultés intellectuelles, excepté pendant quelques moments de repos corporel qu'exige la faiblesse de nature physique.*

***Le Philosophe Inconnu*** : *Et quand ont lieu ces moments de repos corporel que nos traditions accordent au Martiniste ?*

***Le Frère Inconnu*** : *Lorsque le soleil, manifestation visible de l'Invisible Centre de toute vie et de toute lumière, répand sur chaque créature sa vivifiante influence.*

***Le Philosophe Inconnu*** : *Quand le Martiniste est-il alors le plus empressé au travail ?*

***Le Frère Inconnu*** : *Pendant les heures des ténèbres physiques, dans le profond silence de la méditation, lorsque l'illumination, pénétrant dans le Centre même de la Nature, découvre la source de toute nature et de toute vérité, et s'unit en esprit avec les agents vertueux du Pessome.*

***Le Philosophe Inconnu*** : *Quelle heure est-il ?*

*(Douze coups sont frappés lentement sur un gong sonore)*

***Le Frère Inconnu*** : *Il est minuit chez les profanes, mais le soleil intellectuel se lève sur cette assemblée.*

(Ici le feu du centre est allumé)
1. Lecture de la Charte du Suprême Conseil.
2. Debout et à l'Ordre, mes Frères. *(Tous les assistants se lèvent.)*

***Le Philosophe Inconnu*** : *Pourriez-vous, Ô M. Associé, unir la Loge que nous constituons aux puissances visibles et invisibles qui dirigent notre Ordre Vénérable ?*

***Le Maître Associé*** : *Oui, T. P. M., nous le pouvons par l'invocation des Maîtres secrets de notre chaîne astrale, si les cœurs des Frères ici présents sont aimantés par un pur désir.*

***Le Philosophe Inconnu*** : *M. Associé, veuillez faire appel aux influences du Fondateur Vénérable de notre Ordre.*

***Le Maître Associé*** : *O Martinès de Pasqually, toi qui as fondé notre Ordre avec l'appui des Principes vivants de l'Invisible, protège cette Loge ouverte à la Gloire du G. A. de l'U. Et donne-nous le soutien des forces secrètes de l'Ordre dans le Plan Astral.*

***Le Philosophe Inconnu*** : *Après ce fondateur de l'Ordre, quels sont encore nos appuis dans l'invisible, P. M. Initié ?*

***Le Maître Initié*** : *Tous ceux qui travaillèrent à la Gloire de notre Ordre dans le monde visible, et surtout les T. P. M. Louis-Claude de Saint-Martin, Jean-Baptiste Willermoz et tous leurs disciples dans l'Ordre invisible.*

***Le Philosophe Inconnu*** : *Veuillez, P. M. Initié, faire appel à ces Maîtres vénérés.*

***Le Maître Initié*** : *Ô Maîtres invisibles de notre Ordre, ô vous tous qui, à la suite de Louis-Claude de Saint-Martin et de J. B. Willermoz avez connu la Lumière secrète et avez participé à ses activités, vous qui avez toujours été les chevaliers fidèles de Ieoschouah, le Réparateur, venez aimanter de votre influence l'œuvre que nous commençons aujourd'hui d'un cœur pur et avec d'ardents désirs de nous perfectionner physiquement, moralement et spirituellement.*

***Le Philosophe Inconnu*** : *(Il frappe trois coups ; les Frères se lèvent) Mes Frères, unis en corps, soyons unis en vie et en esprit ; invoquons les influences de l'Invisible, car la lumière visible éblouit nos yeux.*

***Le Philosophe Inconnu*** : *Viens à nous, ô Noudo-Raabts !*

***Le Frère Inconnu*** : *Viens, ô Ieoschouah Omeros !*

*Le Frère Initié* : *Au nom de Yod-He-schin-vav-Hé.*

*Le Frère Associé* : *Par I. N. R. I., Amen !*

*(Silence)*

*Le Philosophe Inconnu* : *frappe trois coups lentement.*

*Le Frère Inconnu* : *frappe trois coups lentement.*

*Le Frère Initié* : *frappe un coup.*

**Le Philosophe Inconnu** : Au nom du Suprême Conseil de l'Ordre Martiniste, Nous, Délégué spécialement à cet effet, déclarons la Puissante Loge N°.... ouverte à la Gloire de Iéschouah G. A. de l'U. et sous les auspices du Phil. Inc., N. V. M. Prenez place, mes Frères et sœurs.

## PARTIE III

### 10- Invocation de la sphère :

A) Le Philosophe Inconnu est à l'orient, face à l'occident. Il déclame la deuxième clef énochienne en français ou en énochien selon les connaissances du Philosophe Inconnu.

> *"Les ailes du vent peuvent-elles comprendre vos voix de prodige ? O vous le second du premier, que les flammes brûlantes ont façonné dans les profondeurs de mes mâchoires. Vous que j'ai préparé comme des Coupes pour une Noce, ou comme des fleurs en leur beauté pour la Chambre de rectitude. Vous avez les pieds plus fermes que la roche stérile, et vos voix plus puissantes que les vents innombrables. Car vous voilà devenu un édifice comme il n'en existe aucun, sauf dans l'esprit du Tout-Puissant. Levez-vous, dit le Premier. Venez donc à ses Serviteurs. Apparaissez en puissance, et faites pour moi un Foisonnement vigoureux, car je suis à Celui qui vit à jamais."*

B) Le Philosophe Inconnu déclame la clef des Trente Aethers en français ou en énochien :

*"O vous cieux qui demeurez dans le Premier Aether, vous êtes puissants dans les régions de la Terre et vous exécutez le Jugement du Très Haut ! A vous il est dit : Voyez la face de votre Dieu, le commencement de la consolation, dont les yeux sont la brillance des cieux. Lui qui vous a donné le gouvernement de la Terre et la diversité indicible, en vous pourvoyant d'une force d'intelligence qui peut tout disposer selon la providence de Celui qui est assis sur le Trône Sacré et qui se dressa au commencement, disant : que la Terre soit gouvernée par régions et qu'elle soit divisée, de sorte que sa gloire soit toujours ivre et tourmentée en elle-même. Que son orbe coure avec les cieux, et qu'elle serve en fille de service. Qu'une saison en confonde une autre, et qu'aucune créature ne se ressemble, ni sur elle ni en elle. Que tous ses membres diffèrent entre eux par leurs qualités, et que nulle créature ne soit l'égale d'une autre. Les créatures raisonnables de la Terre, qu'elles s'affligent et se déracinent les unes les autres, et que les demeures oublient leurs noms. L'œuvre de l'homme et sa pompe, qu'elles soient effacées. Que ses édifices deviennent tes tanières pour les bêtes des champs. Que l'intelligence de la Terre soit confondue par les ténèbres. Pourquoi ? Je me repens d'avoir créé l'Homme. Pour un temps, que la guerre soit reconnue, pour un autre temps, qu'elle soit éloignée, parce qu'elle est le lit d'une putain, et la demeure de Celui qui est Déchu.*

*O vous cieux, dressez-vous. Les cieux inférieurs qui sont au-dessous de vous, faites qu'ils vous servent ! Gouvernez ceux qui gouvernent. Abattez ceux qui tombent ! Accroissez avec ceux qui accroissent et détruisez ce qui est pourri !*

*Faites que nul lieu ne demeure en seul nombre.*

*Ajoutez et diminuez jusqu'à ce que les étoiles soient dénombrées !*

*Dressez-vous, Venez, et Apparaissez devant l'Alliance de sa bouche, qu'il nous a jurée en sa justice. Ouvrez les Mystère de votre Création et faites que nous participions au Savoir Immaculé."*

C) Le Philosophe inconnu se rend au centre du temple et trace à l'aide de sa dague flamboyante l'heptagramme d'invocation du soleil[1]. Il vibre simultanément le mot :

*Chémech*

## 11- Conjuration :

Les officiers accomplissent six circumambulations autour du temple dans le sens horaire.

Au centre du temple, le Philosophe Inconnu invoque Iéschouah. Le nom est vibré alors que la signature est tracée à l'aide de la dague flamboyante. Le Philosophe Inconnu vibre le nom :

*Iéschouah*

C) Les officiers et le Philosophe Inconnu déclament l'intention :

*"Nous proclamons un rite de fondation d'une Loge de l'Ordre.... (Nom spécifique de l'Ordre). Cette cérémonie va*

---

[1] Tous les traces magiques, signatures et autres tableaux explicatifs peuvent être téléchargés gratuitement sur le site de l'Ordre Kabbalistique de la Rose-Croix (www.okrc.org).

*donner naissance et fonder dans l'invisible la puissance qui lui sera propre.*

Elle va devenir une entité vivante permettant l'éveil et la progression sur la noble voie des Frères et Sœurs qui y seront attirés ou qui s'y trouvent déjà."

## 12- Supplication :

Les officiers et les Frères et Sœurs se mettent à genoux autour du tapis vert de la Loge (au centre du tirangle), formant un triangle vers l'orient. Ils joignent leurs mains formant une chaîne, la droite de l'un dans la gauche de l'autre et ainsi de suite. Le Philosophe Inconnu (A), le Frère Inconnu (B) et le Frère Initié © forment un triangle vers l'occident.

Tous se visualisent revêtus de robes jaunes ondoyantes et emplissent le temple de la même couleur.

Après quelques instants, tous vibrent à six reprises le nom divin :

*Iavéh Éloah ve Daat.*

## PARTIE IV

## 13- Installation :

Le temple est modifié selon le descriptif " Temple et opérants, Parties IV et V".

## 14- Grande conjuration :

Les Frères et Sœurs sont debouts, l'épée dirigée vers le sol. Le Philosophe Inconnu est au centre du temple, face à l'orient.

A) **Le rituel majeur de l'hexagramme** est accompli.
Face à 1'Est, tracer l'hexagramme de la façon suivante, afin d'invoquer les puissances de la sphère solaire.

Lors du tracé de chaque hexagramme, prononcez le mot sacré " **ARARITA**" (Ce tracé débute par le point central.) :

Tracez, à l'aide de l'épée ou de la dague un demi-cercle à la hauteur du centre de votre hexagramme (hauteur de la poitrine) jusqu'à faire face au Sud. Puis tracez de nouveau la figure précédente en invoquant le même nom sacré.

Procédez ensuite de même à l'Ouest et au Nord.

### B) Invocation des Puissances invisibles :

*Iavéh Eloah Ve Daat*[1]

*Raphaël*

*Mikaël*

*Tarèl*

*Nériel*

*Sorèt*

*Chémèch*

## 15- L'intention :

Le Philosophe Inconnu déclame l'intention dans la même position :

> *"Nous proclamons un rite de fondation d'une Loge de l'Ordre ... (Nom spécifique de l'Ordre). Cette cérémonie va donner naissance et fonder dans l'invisible la puissance qui lui sera propre. Elle va devenir une entité vivante permettant l'éveil et la*

---

[1] Comme indiqué précédemment, les signatures peuvent être téléchargées à partir du site internet de l'O.K.R.C. (www.okrc.org).

*progression sur la noble voie des Frères et Sœurs qui y seront attirés ou qui s'y trouvent déjà."*

## 16- La vision :

*Apocalypse : "IV-1 Après cela je regardai, et voici une porte ouverte dans le ciel. Telle une trompette. La première voix que j'avais entendue me parler dit : Monte ici, et je te ferai voir ce qui doit arriver dans la suite. 2 Aussitôt, je fus (ravi) en esprit. Et voici qu'il y avait un trône dans le ciel, et sur ce trône quelqu'un était assis. 3 Celui qui était assis avait l'aspect d'une pierre de jaspe et de sardoine. Et le trône était environné d'un arc-en-ciel qui avait l'aspect de l'émeraude. 4 Autour du trône il y avait vingt-quatre trônes, et sur ces trônes vingt-quatre anciens, assis, vêtus de vêtements blancs, et sur leurs têtes des couronnes d'or.*

*5 Du trône sortent des éclairs, des voix et des tonnerres. Devant le trône brûlent sept lampes ardentes, qui sont les sept esprits de Dieu.*

*6 Devant le trône, c'est comme une mer de verre, semblable a du cristal.*

*Au milieu du trône et tout autour du trône, quatre êtres vivants remplis d'yeux devant et derrière. 7 Le premier être vivant est semblable à un lion. Le deuxième être vivant est semblable à un veau, le troisième être vivant a comme un visage d'homme, et le quatrième être vivant est semblable à un aigle en plein vol. 8 Les quatre êtres vivants ont chacun six ailes. Et ils sont remplis d'yeux tout autour et au-dedans. Ils ne cessent de dire jour et nuit : Saint, saint, saint est le Seigneur Dieu, le Tout-Puissant" qui était, qui est et qui vient !*

*9 Et quand les êtres vivants rendront gloire, honneur et actions de grâces à celui qui est assis sur le trône, à celui qui vit aux siècles des siècles, 10 les vingt-quatre anciens se prosterneront devant celui qui est assis sur le trône. Ils adoreront, celui qui vit aux siècles des siècles, et ils jetteront leurs couronnes devant le trône, en disant 11 Tu es digne notre Seigneur et notre Dieu, de recevoir la gloire, l'honneur et la puissance, car tu as créé toutes choses, et c'est par ta volonté qu'elles existent et qu'elles furent créées.*

*V-1 Puis je vis dans la main droite de celui qui était assis sur le trône un livre écrit en-dedans et en-dehors, scellé de sept sceaux. 2 Et je vis un ange puissant qui proclamait d'une voix forte : Qui est digne d'ouvrir le livre et d'en rompre les sceaux ? 3 Mais nul dans le ciel, ni sur la terre, ni sous la terre, ne pouvait ouvrir le livre, ni le regarder. 4 Et je pleurais beaucoup, parce que nul ne fut trouvé digne d'ouvrir le livre, ni de le regarder. 5 Et l'un des anciens me dit : Ne pleure pas ; voici que le lion de la tribu de Juda, le rejeton de David, a vaincu pour ouvrir le livre et ses sept sceaux. 6 Et je vis au milieu du trône et des quatre êtres vivants et au milieu des anciens. Un Agneau debout, qui semblait immolé. Il avait sept cornes et sept yeux, qui sont les sept esprits de Dieu envoyés par toute la terre. 7 Il vint recevoir le livre de la main droite de celui qui était assis sur le trône. 8 Quand il eut reçu le livre, les quatre êtres vivants et les vingt-quatre anciens se prosternèrent devant l'Agneau. Tenant chacun une harpe et des coupes d'or remplies de parfums qui sont les prières des saints. 9 Et ils chantaient un cantique nouveau, en disant : Tu es digne de recevoir le livre et d'en ouvrir les sceaux, car tu as été immolé et tu as racheté pour Dieu, par ton sang, des hommes de toute tribu, de toute langue, de tout peuple et de toute nation ; tu as fait d'eux un royaume, et des sacrificateurs pour notre Dieu, et ils régneront sur la terre. 11 Je regardai et j'entendis la voix de beaucoup d'anges autour du trône des êtres vivants et des anciens, et leur nombre était des myriades de myriades et des milliers de milliers. 12 Ils disaient d'une voix forte : L'agneau qui a été immolé est digne de recevoir puissance, richesse, sagesse, force, honneur, gloire et louange. 13 Et toutes*

> *les créatures dans le ciel, sur la terre, sous la terre et sur la mer, et tout ce qui s'y trouve, je les entendis qui disaient : A celui qui est assis sur le trône et à l'Agneau, la louange, l'honneur, la gloire et le pouvoir aux siècles des siècles ! 14 Et les quatre, êtres vivants disaient : Amen !"*
>
> *Ainsi Ô "TALéH ATIK" daigne transmettre ta bénédiction et ta puissance à l'égrégore de cette Loge.............. (Nom de la Loge) jusqu'à sa destruction finale par les formules adéquates."*

Tous s'assoient à leurs places et restent quelques minutes en silence.

## PARTIE V

### 17- L'éclat de l'être :

Tous se visualisent en silence revêtus d'une tunique blanche étincelante de fils d'or.

### 18- Proclamation :

Le Philosophe Inconnu se lève, face à l'Occident et déclare :

> *"La Loge............. (Nom de la Loge) de................. (Lieu) a pris vie sur le plan visible et invisible. Elle est maintenant une entité vivante permettant l'éveil et la progression des Frères et Sœurs qui parcourent la voie de la Lumière."*

Tous se rassoient et méditent silencieusement durant quelques instants.

## 19- Bénédiction :

A) Puis le Philosophe Inconnu déclare : " Frères et Sœurs levez-vous !"
Tous remercient les puissances présentes dans le temple. Le Philosophe Inconnu déclame alors :

*" Ô Puissances présentes en ce lieu, nous vous remercions et vous rendons grâce pour votre présence, par le Très Saint Nom de l'Éternel Iavéh et de son fils, notre Maître et Seigneur Iéschouah. Soyez bénis ! Soyez bénis ! Soyez bénis !"*

B) Le Philosophe Inconnu se rend au centre du temple, face à l'orient, alors que tous les Frères et Sœurs restent debout, et accomplit le rite de bannissement de l'heptagramme. Le tracé est fait dans les quatre directions (Nord, Ouest, Sud, Est) en commençant par le centre de la figure. Aucun nom n'est vibré pendant celui-ci.

## 20- Gratulatio :

A) Tous s'unissent profondément pour remercier les puissances de la sphère.

Le Phil. Inc. :

*"Ô vous Puissances de Chémech soyez remerciés de votre présence, par le Très Saint Nom de l'Éternel Iavéh et de son fils, notre Maître et Seigneur Iéschouah. Soyez bénis ! Soyez bénis ! Soyez bénis !"*

B) Le Philosophe Inconnu, toujours face à l'Orient accomplit le bannissement de l'heptagramme du Soleil sans aucune vibration.

## 21- Le retrait :

A) Le Phil. Inc. :

*"Soyez remerciés, Maîtres Passés, d'avoir été présents lors de ces travaux. Soyez remerciés de votre présence, par le Très Saint Nom de l'Éternel Iavéh et de son fils, notre Maître et Seigneur Iéschouah. Soyez bénis ! Soyez bénis ! Soyez bénis !"*

B) Les officiers accomplissent trois circumambulations autour du temple, à partir de l'Orient, dans le sens contra-horaire. Le Philosophe Inconnu regagne le centre et déclare :

*"Pax In Lux !"*

## 22- Pax in lux :

Les officiers et tous les Frères et Sœurs forment la chaîne au centre du temple et récitent le Pater suivi de l'Ave Maria et la prière aux Anges Gardiens

### Pater (Texte français)

*"Notre Père, qui êtes aux cieux, que votre nom soit sanctifié, que votre règne arrive. Que votre volonté soit faite sur la terre comme au ciel. Donnez-nous aujourd'hui notre pain quotidien. Et pardonnez-nous nos offenses comme nous pardonnons à ceux qui nous ont offensés. Et ne nous laisses pas tomber en tentation ; Mais délivrez-nous du mal, Amen."*

### Pater noster (Texte latin)

*"Pater noster, qui es in coelis, sanctificetur Nomem Tuum ; adveniat Regnum Tuum ; Fiat Voluntas Tua, sicut et in caelo et in terra. Panem nostrum quotidianum da nobis hodie et dimitta nobis debita nostra, sicut et nos dimittimus debitoribus nostris, et ne nos inducas in tentationem, sed libera nos a malo. Amen !"*

### Pater noster (Prononciation du texte hébreu) :

*"Avinou chébachamaïm, itquadach chméra, tavo malroutéra iéasséh rétsonéira kmo bachamaïm ken baaretz. Et lereum*

*rouquénou ten lanou aiom. Ouslar lanou eut rovoténou, quaachèr salarnou gam anarnou léraiavénou. Veal tviénou lidé nissaïon ki im raltsénou min ara, ki léra hamamlérah veagvourah vehatiphéreth leolmé olamim ; Amen !"*

**Salutation angélique :**

*"Je vous salue Marie, pleine de grâce ; le Seigneur est avec vous ; vous êtes bénie entre toutes les femmes et Jésus, le fruit de vos entrailles, est béni. Sainte Marie, Mère de Dieu, priez pour nous, pauvres pécheurs, maintenant et à l'heure de notre mort. Amen !" Ave Maria (Texte latin) :*

*"Ave Maria, gratia plena, Dominus tecum, benedicta tu in mulieribus, et benedictus fructus ventris tui, Jesus. Sancta Maria, Mater Dei, ora pro nobis peccatoribus, nunc et in hora mortis nostrae. Amen !"*

**Aux Anges gardiens :**

*"Anges de Dieu, gardiens à qui la bonté divine nous a confiés, éclairez-nous, gardez-nous, dirigez-nous et gouvernez-nous. Amen !"*

Les lumières sont éteintes.

Les Frères et Sœurs quittent le temple, conduits par le Frère Portier.

Les officiers restent quelques instants en silence puis quittent à leur tour le temple.

*Sâr ADAD*

## Note :

Le décor du temple pour le travail théurgique pouvant être formé de tableaux sur lesquels se trouvent les lettres hébraïques nous reproduisons ci-dessous leur calligraphie exacte, celle-ci étant fort importante.

## *Pratique de la croix kabbalistique*

Cette pratique est un classique des textes et rites contemporains que l'on retrouve sensiblement sous la même forme dans les diverses traditions occidentales. Elle fut très certainement élaborée au sein de la Golden Dawn, mais est d'essence kabbalistique et peut-être utilisée par tous ceux qui souhaitent profiter de sa puissance et de son pouvoir.

La croix kabbalistique a pour objectif d'intensifier l'énergie des deux axes de la personnalité humaine, la verticalité et l'horizontalité. Cette énergisation augmente l'énergie vibratoire personnelle, tout en lui permettant de stabiliser l'être et la pensée. Les noms de pouvoir sont là pour générer une aimantation avec les séphiroth concernées sur l'arbre séphirotique, étant donné que la croix est tracée dans ce schéma du corps invisible et archétypal.

Quoi qu'il en soit, il n'est absolument pas nécessaire de connaître la théorie pour pouvoir profiter des bienfaits apportés par cette méditation dynamique.

### Pratique

Faites face à l'Est, debout et silencieusement, les bras étant relâchés le long du corps. (Vous pouvez pratiquer cet exercice à l'aide d'une dague ou la main nue.)

Inspirez tout en visualisant une sphère de lumière au-dessus de votre tête. Expirez et faites descendre la lumière dans votre front. Inspirez et touchez votre front avec la pointe de votre dague ou votre index en visualisant une intensification de la lumière.

Puis prononcez à l'expiration le son

*"ATAH".*

Inspirez tout en visualisant une descente de lumière verticale vers le centre sexuel et en traçant une ligne imaginaire à quelques centimètres de votre corps à l'aide de l'outil utilisé. Arrêtez-vous sur le centre situé approximativement 3 doigts sous le nombril et touchez la peau.

Expirez en vibrant le son

*"MALKOUT".*

Inspirez en visualisant la colonne de lumière qui achève sa descente jusqu'à vos pieds et pénètre dans le sol. Votre corps est alors une colonne qui unit le ciel et la terre. Inspirez en amenant votre outil de tracé sur l'épaule gauche. Vibrez alors en expirant le son

*"OU GUEVOURAH".*

Inspirez tout en visualisant la lumière de ce centre s'étendre vers l'épaule droite, tandis que vous tracez une ligne imaginaire horizontale à quelques centimètres de votre corps à l'aide de l'outil utilisé. Arrêtez-vous sur le centre situé à l'épaule droite et touchez la peau.

Expirez en vibrant le son

*"OU GUEDOULAH".*

Laissez vos bras détendus le long du corps. Inspirez et visualisez que cette ligne de force horizontale s'étend vers l'infini des deux côtés de votre corps. Expirez tranquillement.

Si vous avez utilisé une dague, déposez là sur l'autel. Puis croisez les bras sur la poitrine, le droit sur la gauche. Le bout des doigts arrivant approximativement au niveau des clavicules.

Inspirez en visualisant un centre rayonnant de lumière et de force au niveau de votre poitrine et vibrez en inspirant le son

*"LE OLAM VE AD".*

Restez quelques secondes dans cette position en respirant tranquillement. Puis relâchez vos bras et passez à la suite de vos travaux ou exercices.

## *Rituel martiniste opératif*

Ce rite composé pour renforcer l'égrégore d'un groupe s'inspire des textes et de la structure du rituel martiniste opératif et général qui fut composé pour les martinistes de tous grades faisant parti de l'Union de Ordres martinistes. Il est ainsi présenté par Philippe Encausse (Jean) et Robert Ambelain (Aurifer) : ". Ce rite a pour but de permettre à tous les Martinistes dispersés de par le monde, quel que soit leur degré initiatique, quelle que soit leur appartenance, d'œuvrer conjointement et solidairement, à certaines époques mensuelles, à l'Œuvre commune, soit la Réintégration Universelle.

Le présent cérémoniaire, afin d'être suivi par les Martinistes appartenant à l'un des deux modes : " opératif" ou " cardiaque", est donc équitablement et nécessairement un composé mixte, relevant des deux voies traditionnelles."

De la même manière que les formules de purification et de bénédiction, il a été rectifié dans le respect de l'esprit du rite pour viser au maximum d'efficacité et éviter de s'encombrer de perspectives théologiques inutiles dans une telle opération.

**Temps** : dimanche suivant la pleine lune, entre le coucher du soleil et minuit (Heure solaire).

**Décors personnels** : l'officiant porte les décors de son grade.

**Autel** : draperie rouge

**Orientation** : l'autel est placé à l'Est du lieu de travail, l'officiant se trouvant à l'Ouest de celui-ci face à l'Est.

### Équipement sur l'autel[1] :

1- Le chandelier, 2- L'encensoir, 3- Le glaive, pointe vers l'Est, 4- Le pentacle, 5- La veilleuse, 6- La bougie des Maîtres passés

Le pentacle est placé sur l'axe Est-Ouest, à mi-distance du chandelier et du bord Ouest de l'autel. L'encensoir est à proximité du bord Nord. L'épée est placée selon l'axe Est-Ouest, à proximité du bord Sud.

### *Sacramentaire :*

Il est fondamental que les objets utilisés dans le rite soient consacrés. Toutefois, il n'est pas nécessaire que cette consécration soit effectuée à chaque opération. Il est toutefois possible de la renouveler après le nettoyage de tel ou tel vêtement ou ustensile. Vous vous reporterez aux " prières d'exorcisme et de bénédiction" pour les formules de préparation.

## 1- Purifications et habillement :

Lavez-vous les mains et le visage avec de l'eau fraîche ou froide. Buvez un peu d'eau puis rendez-vous dans le lieu où vous allez œuvrer afin de vous vêtir.

Revêtissez la robe blanche en disant :

> *" Blanchis moi Seigneur et purifies mon cœur, afin qu'étant lavé dans le sang de l'agneau, je jouisse un jour des joies éternelles, mon âme enfin réconciliée. Que la pureté de cette robe rejaillisse en mon être et qu'ainsi je puisse progresser vers ma réintégration spirituelle."*

Nouer la cordelière noire autour de sa taille en disant :

> *" Daigne Seigneur miséricordieux, éteindre en moi l'ardeur des passions mauvaises afin que la vertu, la force et la pureté*

---

[1] Le schéma de l'autel peut être téléchargé gratuitement sur le site de l'Ordre Kabbalistique de la Rose-Croix (www.okrc.org).

*demeurent en moi. Que ce lien soit la chaîne visible qui me rattache aux Maîtres passés présents à cet instant autour de moi. Qu'à chaque instant mes actes soient jugés dignes d'être inscrits sur les tables de notre tradition."*

Revêtissez-vous éventuellement les décors du grade (sautoir) en disant :

*"Accorde-moi, Ô Elohim Tsébaoth, de pouvoir toujours conserver dans l'honneur et la fidélité cet ornement précieux de ma Réconciliation et que ce baudrier demeure par mes actes le Symbole des victoires sur le vice et l'adversité.*

*Amen ! (✠)"*

(Faire ce signe de croix sur soi.)

Entrez dans l'oratoire et installez l'autel après avoir dit :

*"Que tout soit disposé selon ta parole Seigneur Tout Puissant, Toi qui règles toute chose avec mesure, nombre et poids. Amen ! (✠)"*

(Faire ce signe de croix sur soi.)

## 2- Ouverture :

La pièce est éclairée par une veilleuse ou une très faible lumière qu'on éteindra ensuite.

Faites le signe de croix (✠) debout, face à l'autel et à l'Est, puis dites :

*"Maîtres vénérés qui avez franchi les Portes et accompli l'ultime voyage, écoutez mon appel. Soyez présents à cet instant en cette cérémonie que j'accomplis en union de cœur et d'esprit avec tous les Frères et sœurs de notre chaîne occulte."*

Approchez-vous de la veilleuse, récupérez-en le feu et enflammez la bougie des Maîtres passés. Rendez-vous une fois de plus devant la veilleuse, élevez les mains vers le ciel et dites :

> *"Je t'invoque Ô Uriel afin que ton feu spirituel embrase la matière que je consacre en ce lieu à l'Eternel. Que le feu élémentaire qui y réside s'unisse au tien pour contribuer à la Lumière spirituelle des Hommes de désir, mes Frères et sœurs et qu'ils soient tous ainsi animés de ton Feu de vie."*

Saisissez-vous de la lumière grâce par exemple à une " queue de rat" et allumez le luminaire de l'autel en disant :

> *"Lumière mystérieuse et Divine, Feu sacré, Âme de l'univers, Principe éternel des Mondes et des Êtres, éclaire mon esprit et mon cœur et répands en mon âme le feu vivifiant de la Vérité.*
>
> *Que cette opération soit placée sous les auspices du Grand Architecte des Mondes et que ces flambeaux illuminent mon être de leur clarté."*

Observez quelques instants de silence. Puis passez vos mains au-dessus de la flamme et une fois réchauffées, passez-les sur votre visage. Faites ceci à trois reprises puis dites :

> *"Ô Lumière pure, symbole de mon âme à qui l'Eternel a confié le soin de ma pensée, de ma volonté, de mon action et de ma parole, fais que par ton feu radieux mon âme soit purgée de ses scories et que mes lèvres soient sanctifiées afin que les paroles que je vais prononcer opèrent pour la plus grande Gloire de l'Eternel, pour mon instruction et pour l'édification de mes semblables.*

(Etendez les bras vers la lumière, les paumes des mains vers le ciel et poursuivez.)

> *Ô Lumière pure, que ton pouvoir me permette de retenir tout ce qui me sera communiquée par les Esprits que j'invoque grâce à la puissance qui est en moi depuis les origines. Permets-moi de distinguer et de ne retenir que les choses justes et vraies pour la*

*plus grande gloire de la Pensée éternelle, de la Volonté éternelle et de l'action éternelle. Amen ! (✠)"*

(Faire ce signe de croix sur soi.)

Eteignez la veilleuse primitive.

Allumez ensuite le charbon et déposez-le dans l'encensoir. Puis dites :

*" Ô Feu je te purifie, je te bénis (✠) et je te sanctifie au Nom de l'Eternel Iéschouah qui t'a créé et est apparu à Moïse sous l'aspect d'un buisson ardent. Sois, comme jadis l'autel des parfums du Saint temple de Jérusalem l'instrument qui porte jusqu'au trône de l'Eternel, l'encens qui est dû à sa Gloire et à sa Bonté. Amen ! (✠)"*

(Faire ce signe de croix sur soi.)

Tendez les bras vers l'avant, les paumes des mains tournées vers le ciel. Puis dites :

*" Viens, ô Esprit Saint et entoure le feu qui t'est consacré pour être ton trône rayonnant et dominant sur toutes les régions du monde universel. Que ton pouvoir emplisse ce lieu de lumière et de chaleur éloignant tout Esprit de Ténèbres, de perversité et de confusion afin que mon âme puisse profiter du fruit des travaux de ceux qui se sont rendus dignes d'être pénétrés par toi. Amen ! (✠)"*

(Faire ce signe de croix sur soi.)

Répandez l'encens sur les braises et faites une première circumambulation autour de l'autel en disant :

*" Ô Eternel, que cet encens que je t'offre en ce lieu soit une image véritable de la pureté de mon intention et de ma parole pour ta plus grande gloire et justice."*

Rajoutez éventuellement de l'encens et procédez à la deuxième circumambulation en disant :

> *" Ô Eternel, que ce parfum que je t'offre en témoignage de la pureté de mon âme ait le même succès que celui que t'offrit Zorobabel au sein de Babylone pour la délivrance des restes d'Israël. Délivre-moi des ténèbres qui m'emprisonnent et m'empêchent de percevoir ta lumière et ta science. Que mes paroles s'accomplissent, pour autant qu'elles soient conformes à la vertu."*

Rajoutez éventuellement de l'encens et procédez à la troisième circumambulation en disant :

> *" Ô Eternel, que ma prière soit désormais le véritable parfum que je t'offre. Que ce parfum soit l'expression de la ferveur avec laquelle je t'invoque pour ma réconciliation, afin que je sois ainsi sincèrement uni à celui à qui tu as donné le soin de me conduire, en l'établissant mon Gardien. Ainsi donc je t'invoque en ce lieu, toi gardien secourable que je ne vois point de mes yeux de chair. Sois mon conseil, mon guide et mon appui en ce monde et en l'autre, pour ta plus grande gloire et ma parfaite sanctification. Amen !"*

### 3- L'appel des forces :

Reposez l'encensoir sur l'autel et toujours debout face à l'Est tendez les bras vers l'avant les mains tournées vers le ciel. Puis dites :

> *" Ô Eternel, Dieu ineffable, Père de toute chose, toi qui vois et embrasses tout, écoute ma prière et exauce moi. Accorde-moi le recueillement, la ferveur, la sincérité nécessaire pour les sentiments que je veux exprimer. Sois-moi propice, ô Père ineffable ainsi qu'à ceux pour qui je m'adresse à toi. Pour mes Frères et sœurs dans l'Ordre, pour mes parents, amis, ennemis, pour les vivants comme pour les morts, comme pour toutes tes créatures, ô Seigneur miséricordieux. Exauce-moi et accorde-moi le don de te prier avec efficience. Je me remets entre tes mains ô Père, sois mon protecteur. Amen ! (✠)*

*Et vous mes Saints Patrons, Esprits dégagés des liens de la matière, vous qui jouissez désormais du fruit de vos vertus et dont j'ai le bonheur de porter les noms, je vous conjure par ce Nom que vos avez vous-mêmes invoqué avec tant de ferveur, de confiance et de succès, je vous conjure de contribuer à mon éternel salut par votre sainte intercession et par votre protection auprès du Père de miséricorde, auprès du fils rédempteur, auprès de l'esprit saint conservateur. Obtenez pour moi et pour tous mes Frères les grâces de la divinité, ses faveurs, sa clémence qui vous récompensent aujourd'hui des combats que vous avez dû livrer dans ce séjour où je me trouve encore. Faites que par votre assistance salutaire, je vive et je meure comme vous, dans la paix, dans la joie et dans la sainteté. Amen ! (✠)*

*Et toi, ô esprit pur, mon gardien chargé par l'Eternel de veiller sur moi pour la réconciliation de mon être spirituel, je te conjure par le nom du Dieu de miséricorde, de venir au secours de mon âme toutes les fois qu'elle sera en danger de succomber au vice, toutes les fois qu'elle t'appellera par ses désirs, ses soupirs et ses méditations, toutes les fois qu'elle aura faim et soif de conseils, d'instructions et d'intelligence. Aide-moi, ô mon gardien, à obtenir l'assistance et la protection des patrons que je viens d'invoquer comme des esprits qu'il me reste à évoquer en cette opération. Par le nom de Iéschouah, Amen ! (✠)"*

## 4- L'œuvre thaumaturgique :

Méditez quelques instants et priez pour la paix dans le monde :

*"Ô Dieu éternel, Seigneur miséricordieux, daigne accorder la paix aux hommes afin que no cœurs demeurent dans la lumière de la vertu et que soustrait à l'influence perverse des ennemis nos jours demeurent tranquilles sous ta protection et celle de tes anges promus à la conduite des nations. Par le nom de Iéschouah, Amen ! (✠)"*

Méditez quelques instants et priez pour que les catastrophes liées à la terre soient épargnées à l'humanité :

> *"Dieu tout puissant et éternel, toi qui as créé le Ciel et la Terre et leur as donné leur permanente stabilité originelle, je te demande de lier les créatures tapis dans les entrailles de la terre. Fais-en sorte qu'aucune transformation ou catastrophe n'entraîne prématurément dans la mort ceux les créatures humaines. Par le nom de Iéschouah, Amen ! (✠)"*

Méditez quelques instants et priez pour que les catastrophes liées à l'eau soient épargnées à l'humanité :

> *"Dieu tout puissant et éternel, toi qui as daigné sanctifier les eaux de ce monde, fais jaillir l'eau vive du rocher d'Horeb, utilisé celle du Jourdain pour le baptême de ton divin fils, je te demande qu'à l'aide de tes anges et de tes saints nous ne soyons pas victimes des ravages des eaux sous quelque forme que ce soit : tempêtes, raz-de-marée, trombes ou cyclones et que les créatures mauvaises qui les hantent soient écartés et chassés loin des lieux où s'abritent tes créatures. Par le nom de Iéschouah, Amen ! (✠)"*

Méditez quelques instants et priez pour que les catastrophes liées à l'air soient épargnées à l'humanité :

> *"Dieu tout puissant et éternel, toi qui as daigné sanctifier le souffle de l'Air élémentaire le jour de la Pentecôte, lorsque tu fis descendre ton Esprit-Saint sur les apôtres assemblés sous la forme d'un " grand vent", je te demande qu'à l'aide de tes anges et de tes saints, les ravages des tempêtes, des tourbillons des trombes et des cyclones soient écartés et chassés loin des lieux ou s'abritent tes créatures. Par le nom de Iéschouah, Amen ! (✠)"*

Méditez quelques instants et priez pour que les catastrophes liées au feu soient épargnées à l'humanité :

> *"Dieu tout puissant et éternel, toi qui as daigné te manifester à Moïse sous la forme d'un buisson ardent et qui fis descendre ton*

*esprit saint sur les apôtres et les disciples sous la forme de langues de feu à la Pentecôte, je te demande qu'à l'aide de tes anges et de tes saints, les flammes du feu souterrain, celles des incendies terrestres, et celles allumées par la foudre céleste épargnent les lieux ou vivent et s'abritent tes créatures. Par le nom de Iéschouah, Amen ! (✠)"*

Méditez quelques instants et priez pour que les épidémies soient épargnées à l'humanité :

*"Dieu tout puissant et éternel, toi qui as daigné guérir Israël errant dans le désert et en proie à la morsure des serpents ardents, je te demande en souvenir de la foi de ton peuple dans les mérites du serpent d'airain, ton divin fils, d'écarter de toutes tes créatures les maladies et épidémies qui les menacent d'une mort cruelle et les maintenir dans la santé du corps et de l'âme. Par le nom de Iéschouah, Amen ! (✠)"*

Méditez quelques instants et priez pour les fruits de la terre :

*"Dieu tout puissant et éternel, toi qui as créé toute chose pour l'utilité du genre humain, daigne répandre les bienfaits si nécessaire de ta bienveillance sur la surface de ce monde temporel, afin que nourris de tes donc et te rendant grâce, nous recherchions avec plus de confiance encore le Pain de la vie éternelle. Accorde à toutes tes créatures la nourriture quotidienne et que d'elles toutes soient écartés les spectres de la famine, de la soif, de la misère et de la mort. Par le nom de Iéschouah, Amen ! (✠)"*

Méditez quelques instants et priez pour les âmes errantes :

*"Dieu tout puissant et éternel, toi qui a sauvé les fils d'Israël des attaques des serpents brûlants durant la longue errance de quarante années dans le désert je te demande d'accorder aux âmes errantes perdues dans les ténèbres de l'au-delà la grâce d'échapper aux esprits mauvais et retrouver la lumière de la divinité. Par le nom de Iéschouah, Amen ! (✠)"*

Méditez quelques instants et priez pour les malades, les affligés et les prisonniers :

> *"Dieu tout puissant et éternel, je te demande d'accorder à tous les infirmes, les malades, les affligés et les prisonniers, la santé, la liberté et qu'ainsi ils puissent retrouver le chemin de la divinité. Par le nom de Iéschouah, Amen ! (✠)"*

Méditez quelques instants et priez pour les esprits qui résident au sein du règne minéral :

> *"Dieu tout puissant et éternel, créateur de tous les êtres, je te demande d'aider tous les esprits enfermés au sein de la nature minérale. Permets leur de trouver le chemin vers le perfectionnement, la lumière et la divinité. Par le nom de Iéschouah, Amen ! (✠)"*

Méditez quelques instants et priez pour les esprits qui résident au sein du règne végétal :

> *"Dieu tout puissant et éternel, créateur de tous les êtres, je te demande d'aider tous les esprits enfermés au sein de la nature végétale. Permets leur de trouver le chemin vers le perfectionnement, la lumière et la divinité. Par le nom de Iéschouah, Amen ! (✠)"*

Méditez quelques instants et priez pour les esprits qui résident au sein du règne animal :

> *"Dieu tout puissant et éternel, créateur de tous les êtres, je te demande d'aider tous les esprits enfermés au sein de la nature animale. Permets leur de trouver le chemin vers le perfectionnement, la lumière et la divinité. Par le nom de Iéschouah, Amen ! (✠)"*

Méditez quelques instants et priez pour les esprits malfaisants soient chassés loin de la terre :

> *"Dieu tout puissant et éternel, créateur et défenseur du genre humain, toi qui as formé le premier homme et toutes les âmes*

> *préexistantes en lui, à ton image et à ta ressemblance, écoute ma prière et dirige ton regard vers moi. Ecarte de la terre toutes les puissances mauvaises et perverses de telle sorte que le puissant signe que nous traçons sur notre front soit la marque lumineuse de ta présence et de notre divinité. Qu'ainsi soient défendus notre âme et notre corps. Par le nom de Iéschouah, Amen ! (✠)"*

Tracez sur votre front le signe du Tau.

Méditez quelques instants et priez pour le salut des esprits mauvais :

> *"Dieu tout puissant et éternel, je te demande justice et miséricorde pour les esprits mauvais et pervers. Fais qu'un rayon de ta divine lumière éveille enfin et pour un temps immémorial la bonté, la joie et le désir de perfection des esprits enfermés dans le vice. Par le nom de Iéschouah, Amen ! (✠)"*

Méditez quelques instants et enchaînez le psaume 68 :

> *"Que Dieu se lève et que ses ennemis soient dispersés ! Que ses adversaires fuient devant sa face ! De la même manière que la fumée se dissipe, que la cire fond devant le feu, qu'ainsi disparaissent les mauvais esprits. Que les justes se réjouissent et exultent devant Dieu. Chantez donc vers Dieu, psalmodiez en son honneur ! Frayez le chemin à celui qui chevauche dans les plaines, car l'Eternel est son nom. Dieu dans sa sainte résidence est le Père des orphelins et le défenseur des veuves. Dieu fait habiter les solitaires dans une maison, il fait sortir les prisonniers pour leur satisfaction, mais les rebelles seuls demeurent dans les lieux arides. Par le nom de Iéschouah, Amen ! (✠)"*

## 5- Clôture du rite :

Méditez quelques instants et enchaînez le psaume 133 :

> *"Ah, qu'il est bon, qu'il est doux à des Frères de vivre dans une étroite union ! C'est comme l'huile parfumée sur la tête qui*

*descend sur la barbe, la barbe d'Aaron, et humecte le bord de sa tunique ; comme la rosée du mont Hermon qui descend sur les monts de Sion ; car c'est là que Dieu a placé la bénédiction, la vie heureuse pour l'éternité."*

Adressez-vous maintenant aux esprits invoqués durant l'opération :

*"Esprits célestes qui m'avez assistés, je vous rends grâce. Que la paix de Dieu soit toujours entre vous et moi. Daignez continuer à m'assurer, à moi comme à mes Frères et sœurs, votre sainte et intelligente protection. Puissions-nous, vous et moi, être toujours et à jamais inscrits sur le Livre de vie. Par le nom de Iéschouah, Amen ! (✠)"*

Eteignez le luminaire de l'autel en disant :

*"Qu'au monde invisible soit restitué la lumière invisible et spirituelle comme aussi bien la flamme élémentaire est restituée à sa source naturelle élémentaire. Mais que le feu divin et la lumière divine demeurent en mon âme et en celles de mes Frères à jamais. Par le nom de Iéschouah, Amen ! (✠)"*

Eteignez le luminaire des Maîtres passés avec silence et recueillement.

Puis frappez une batterie de sept coups et terminez par le signe de croix kabbalistique ou classique.

## *Prières d'exorcismes et de consécrations*

Il est fondamental que les objets utilisés dans les rites soient consacrés. Toutefois, il n'est pas nécessaire que cette consécration soit effectuée à chaque opération. Il est toutefois possible de la renouveler après le nettoyage de tel ou tel vêtement ou ustensile. Toutes les prières sont directement issues de deux sources : 1° De Robert Ambelain dans son

" Sacramentaire des Rose-Croix" ou d'autres de ses écrits ; 2° La tradition et le rituel catholique. Nous avons toutefois librement transformé certaines parties ou phrases que l'expérience nous indiqué comme étant inutiles ou préjudiciables à une véritable opérativité. C'est là un des premiers aspects du travail de révision entrepris dans cette tradition.

## Sacralisation de l'Aube et de la Cordelière

(Elever les deux bras vers le ciel les paumes ouvertes et prononcer le texte qui suit.)

> *" Seigneur, toi qui a fait le Ciel et la Terre. Ecoute ma voix qui monte vers Toi.*
>
> *Ma force est en Ton Nom. Et avec respect je l'invoque. Donne-moi, Ô Seigneur ta paix et ta puissance afin que je puisse participer à l'Œuvre divine.*

(Etendre les mains au-dessus de l'aube et de la cordelière, paumes vers le bas. Le signe de la croix (✠) indique le moment où vous devez le tracer au-dessus des éléments à bénir. Il est tracé avec l'index et le majeur tendu, alors que les autres doigts sont repliés dans la main, le pouce touchant l'annulaire.)

> *Par le nom du Très Haut et en présence des Puissances Célestes, je vous exorcise, (✶) Aube et Cordelière, vêtements sacrés que je destine au Culte de ma Réconciliation Céleste.*

(Tracez ensuite au-dessus d'eux le signe du pentagramme de bannissement permettant de les purifier selon le tracé indiqué dans les documents téléchargeables sur le site internet de l'Ordre Kabbalistique de la Rose-Croix. Puis poursuivez par le texte qui suit.)

> *Soyez à cet instant à l'abri de toute puissance disharmonieuse et action des créatures sataniques quelles qu'elles soient. Ne conservez en vous aucune force ou influence mauvaises.*

(Passez les vêtements dans la fumée de l'encens que vous aurez au préalable allumé.)

> *Par le pouvoir du Seigneur, Dieu Éternel, Sanctificateur Tout Puissant, qu'à cet instant vous deveniez des vêtements immaculés (✠), bénis (✠), purs (✠) et rayonnants (✠) capables de m'assister dans l'œuvre à laquelle je travaille. Qu'il en soit fait ainsi par le Puissant Nom de Iéshouah. Amen (✠)."*

(Faire ce dernier signe de croix sur soi.)

## Sacralisation de la dague (ou du glaive)

(Elever les deux bras vers le ciel les paumes ouvertes et prononcer le texte qui suit.)

> *" Seigneur, toi qui a fait le Ciel et la Terre, Ecoute ma voix qui monte vers Toi. Ma force est en Ton Nom, Et avec respect je l'invoque. Donne-moi, Ô Seigneur ta paix et ta puissance afin que je puisse participer à l'Œuvre divine.*

(Etendre les mains au-dessus de la dague.)

> *Par le nom du Très Haut, Iaweh Tsébaoth, le Seigneur des armées et en présence des Puissances Célestes, je t'exorcise (✠) Créature de métal que je destine au Culte de ma Réconciliation Céleste.*

(Puis tracez le signe du pentagramme de bannissement.)

> *Que les puissances disharmonieuses et nuisibles disparaissent à cet instant. Deviens une lame exorcisée, une dague (un glaive) de Justice que ma main d'homme de désir brandit vers son créateur.*

(En prononçant cette phrase, passez la dague dans la fumée de l'encens que vous aurez au préalable allumé, puis élevez là quelques instants vers le ciel.)

> *Dieu Eternel et Tout Puissant, en ta main réside toute Victoire. Tu as donné à David une force prodigieuse qui lui a permis de*

*vaincre Goliath. Je te demande maintenant de m'accorder la force et l'autorité de bénir cette dague (ce glaive) afin que je le consacre à l'Œuvre divine.*

*Par le pouvoir du Dieu Tout Puissant, que cette dague soit à cet instant bénie (✠), purifiée (✠) et chargée de pouvoir (✠). Qu'elle devienne capable de m'assister dans toutes les opérations où elle est requise, que ce soit pour diriger la puissance invisible ou pour agir sur telle ou telle Créature. Qu'il en soit fait ainsi par le Puissant Nom de Iéshouah. Amen (✠)."*

(Faire ce dernier signe de croix sur soi.)

## Sacralisation de l'encens

(Elever les deux bras vers le ciel les paumes ouvertes et prononcer le texte qui suit.)

*" Seigneur, toi qui a fait le Ciel et la Terre. Ecoute ma voix qui monte vers Toi. Ma force est en Ton Nom. Et avec respect je l'invoque. Donne-moi, Ô Seigneur ta paix et ta puissance afin que je puisse participer à l'Œuvre divine.*

*Ô Michael, Bienheureux Archange, toi qui te tiens debout à la droite de l'autel des parfums, écoute mon appel et dirige tes pouvoirs vers moi.*

*Ô vous tous Anges, Saints et Elus venez auprès de moi.*

*Ô toi Seigneur, donne-moi ta force.*

(Etendre les mains au dessus de l'encens.)

*Que tout ce qui pourrait faire obstacle à l'utilisation de cette substance soit rejeté à cet instant. (✶)*

(Tracez le signe du pentagramme de bannissement.)

(Etendre de nouveau les mains au-dessus de l'encens.)

*Ô Seigneur miséricordieux, que cet encens (cette composition aromatique, ce parfum) soit une perpétuelle défense contre les Esprits mauvais, contre toutes les incantations ou actions nuisibles qui pourraient être prononcés contre moi. Que cette odeur soit une protection constante contre toutes les créatures visibles ou invisibles dirigées par des volontés perverses. Qu'en tous les lieux ou cet encens sera répandu et brûlé la paix, la lumière et l'amour se répandent aussitôt. Que cette suave odeur soit comme un invisible appel pour les Anges et Esprits de lumière ainsi que pour toutes les âmes protectrices de mes Frères et sœurs.*

*Ainsi, par le pouvoir du Dieu Tout Puissant, devant qui se tiennent, pleines de respect d'innombrables armées d'anges, que cet encens soit à cet instant béni (✠), sanctifié (✠) et chargée de pouvoir (✠). Qu'il soit la présence invisible du Très Haut et des Saints Gardiens que je viens d'invoquer (✠). Qu'il en soit fait ainsi par le Puissant Nom de Iéshouah. Amen (✠)."*

(Faire ce dernier signe de croix sur soi.)

## Sacralisation de la nappe de l'autel

(Elever les deux bras vers le ciel les paumes ouvertes et prononcer le texte qui suit.)

*"Seigneur, toi qui a fait le Ciel et la Terre. Ecoute ma voix qui monte vers Toi. Ma force est en Ton Nom, Et avec respect je l'invoque. Donne-moi, Ô Seigneur ta paix et ta puissance afin que je puisse participer à l'Œuvre divine.*

*Par le pouvoir de Dieu Tout Puissant, que tout ce qui pourrait faire obstacle à l'utilisation de cette nappe soit rejeté à cet instant. (✱)*

(Tracez le signe du pentagramme de bannissement.)

*Que les puissances disharmonieuses et nuisibles disparaissent.*

(Passez la nappe au-dessus de l'encens.)

*Ô Seigneur, Dieu Eternel et Tout-Puissant, le ciel et la terre ne peuvent te contenir et pourtant tu peux résider dans une Demeure dans laquelle ton Saint Nom peut être invoqué. Je te demande maintenant de m'accorder la force et l'autorité de bénir cette nappe afin que je la consacre à l'Œuvre divine.*

*Ainsi la Shékinah pourra-t-elle descendre en ce lieu et tes Anges et tes Saints visiter ce lieu opératoire et cette nappe les préservant de toute souillure et les conservant ainsi toujours purs et sans tache.*

*Par le pouvoir du Dieu Tout Puissant, que cette nappe soit à cet instant bénie (✠), purifiée (✠) et chargée de pouvoir (✠). Qu'elle soit le lieu de la présence divine. Qu'il en soit fait ainsi par le Puissant Nom de Iéshouah. Amen (✠).*

(Faire ce dernier signe de croix sur soi.)

## Sacralisation des luminaires

(Elever les deux bras vers le ciel les paumes ouvertes et prononcer le texte qui suit.)

*" Seigneur, toi qui a fait le Ciel et la Terre. Ecoute ma voix qui monte vers Toi. Ma force est en Ton Nom, Et avec respect je l'invoque. Donne-moi, Ô Seigneur ta paix et ta puissance afin que je puisse participer à l'Œuvre divine.*

*J'invoque les pouvoirs de IOH le Dieu vivant, de IOAH le Dieu vrai et LAOH le Dieu Saint !*

*Que tout ce qui pourrait faire obstacle à l'utilisation de ces luminaires soit rejeté à cet instant. (✶)*

(Tracez le signe du pentagramme de bannissement.)

*Que les puissances disharmonieuses et nuisibles disparaissent.*

(Passez la nappe au-dessus de l'encens.)

*Ô Seigneur Puissant et Saint, je te demande maintenant de m'accorder la force et l'autorité de bénir ces luminaires afin que je les consacre à l'Œuvre divine.*

*Puissent-ils être alors le salut, l'inspiration et l'illumination tant spirituel et matériel de ceux qui les utiliseront.*

*Puissent-ils être une défense sûre contre toute influence perverse et contre tous les esprits invisibles qui ne pourront supporter la présence de cette lumière.*

*Par le pouvoir du Dieu Tout Puissant, que ces luminaires soient à cet instant bénis (✠), purifiés (✠) et chargés de pouvoir (✠). Qu'ils soient la manifestation visible de la présence divine. Qu'il en soit fait ainsi par le Puissant Nom de Iéshouah. Amen (✠).*

(Faire ce dernier signe de croix sur soi.)

## Sacralisation de l'encensoir

(Elever les deux bras vers le ciel les paumes ouvertes et prononcer le texte qui suit.)

*" Seigneur, toi qui a fait le Ciel et la Terre. Ecoute ma voix qui monte vers Toi. Ma force est en Ton Nom, et avec respect je l'invoque. Donne-moi, Ô Seigneur ta paix et ta puissance afin que je puisse participer à l'Œuvre divine.*

*J'invoque les pouvoirs de IOH le Dieu vivant, de IOAH le Dieu vrai et LAOH le Dieu Saint !*

*Que tout ce qui pourrait faire obstacle à l'utilisation de ce brûle parfum soit rejeté à cet instant. (✵)*

(Tracez le signe du pentagramme de bannissement.)

*Que les puissances disharmonieuses et nuisibles disparaissent.*

(Passez la nappe au-dessus de l'encens.)

*Ô Seigneur Puissant et Saint, je te demande maintenant de m'accorder la force et l'autorité de bénir ce brûle-parfum afin que je le consacre à l'Œuvre divine.*

*Qu'il devienne le lieu dans lequel sera brûlé les parfums et substances offertes aux êtres spirituels.*

*Qu'il soit le lieu d'où émanent les senteurs craintes part toutes les créatures nuisibles et qu'ainsi nulle ne puisse y résider à proximité.*

*Par le pouvoir du Dieu Tout Puissant et du Saint Archange Michael que cet encensoir soit à cet instant bénis (✠), purifiés (✠) et chargés de pouvoir (✠). Qu'il en soit fait ainsi par le Puissant Nom de Iéshouah. Amen (✠).*

(Faire ce dernier signe de croix sur soi.)

# 6° PARTIE – LES ORDRES MARTINISTES « CONTEMPORAINS »

**Avertissement** : Cette partie fut écrite lors de la première édition de ce livre. Le nombre d'Ordres martinistes n'a cessé de croître depuis cette époque à un point qu'il est très difficile et d'ailleurs inutile de tenter une liste. Il est intéressant de remarquer que cette tendance à la division est la marque évidente de ce que je soulignais dans l'avant-propos à la réédition de cet ouvrage. Le martinisme structuré en Ordre initiatique a été utile au 19$^{ème}$ siècle. C'est aujourd'hui inutile et ces innombrables divisions en sont la démonstration.

Mais revenons sur les principaux Ordres martinistes à la fin du 20$^e$ siècle.

―――――

Il nous a paru intéressant d'ajouter à cette étude une quatrième partie traitant plus précisément des Ordres martinistes existants, de quelques épisodes de leur histoire et de certaines de leurs particularités. Le néophyte attiré par cette tradition pourra ainsi s'en faire une idée générale avant de s'engager réellement et sérieusement. Nous avons essayé, par-delà nos propres recherches, de tenir compte de l'opinion de nombreuses personnes ayant appartenu ou appartenant encore à ces diverses structures. Pour le reste nous nous sommes fondés le plus possible sur les documents originaux que nous avons pu consulter. Nous attirons toutefois votre attention sur le fait qu'un Ordre peut évoluer au gré des successions dans un sens aussi bien que dans l'autre.

Nous présentons tout d'abord deux tableaux synthétiques résumant l'essentiel des filiations dites martinistes. Le premier, concerne les filiations issues de Martinès de Pasqually, jusqu'à Papus. Le second, présente les évolutions et créations des différents Ordres issus de la restructuration de 1887 effectuée par Papus.

Il est nécessaire de distinguer les Ordres martinistes réellement actifs, ainsi que ceux qui sont à l'état embryonnaire, leur effectif étant insignifiant. Sans associer un caractère péjoratif au nombre de membres, il faut tout de même faire quelques remarques.

1°- Un Ordre peut ne pas avoir une grande audience mais compter quelques Frères qui ont eu une très bonne formation et sont devenus, en dehors de tout sectarisme, de véritables Serviteurs Inconnus. Ils deviennent alors des initiés libres qui œuvrent comme leurs maîtres ont œuvré. Cependant une telle école ne peut être envisagée dans sa totalité. Sa doctrine, si elle en a une, n'est pas générale mais fonction de chacun. Nous ne pouvons donc les analyser ici.

2°- Parfois des Ordres sont réduits à un seul membre qui en assure la Grande Maîtrise et qui transmet son héritage. Nous pouvons les inclure dans la catégorie des initiés libres, puisqu'ils ne dirigent pas réellement un groupe constitué.

## O. Martiniste de Lyon

Cet Ordre semble aujourd'hui en sommeil. Lorsque nous avions rencontré son Grand Maître, J.P. Bonnerot il y a quelques années, un des buts principaux de l'Ordre consistait à amener les Frère intéressés par le Martinisme au christianisme " actif ", et plus spécialement à recevoir les Ordres sacrés dans l'Église dont il était le patriarche, l'Église Gnostique Apostolique Primitive. Elle ne doit pas être confondue avec l'ancienne Église Gnostique Apostolique, église officielle de l'Ordre Martiniste de Papus, puisqu'elle remet en cause les successions apostoliques de cette dernière. Il faut cependant noter l'ambiguïté existante entre cet Ordre martiniste et cette église puisqu'une des caractéristiques pour en devenir ecclésiastique est de ne pas faire partie de certaines fraternités initiatiques et encore moins d'un autre groupe martiniste.

## O. Martiniste de Papus

L'Ordre Martiniste de Papus tel que nous le connaissons aujourd'hui est celui qui a été revu et restructuré lors de sa résurgence en 1952 sous l'impulsion de Philippe Encausse. Sa filiation montre qu'avant de devenir l'Ordre que nous connaissons, il fut l'Ordre Martiniste (de J. Bricaud), puis l'Ordre Martiniste de Lyon (Chevillon), avant de devenir l'Ordre Martiniste dit de Papus. Comme notre propos n'est pas à proprement parler historique, nous n'allons pas considérer ce passé, mais plutôt examiner quelques points généraux du travail actuel. L'Ordre est hiérarchisé suivant la structure traditionnelle. Le président de l'Ordre le dirige et l'oriente, assisté par le Suprême Conseil. Localement, seul un Supérieur Inconnu peut devenir président de groupe et organiser le travail en un nouveau lieu. En règle générale un entretien du futur membre avec le président précède l'éventuelle convocation à la première initiation. Il s'écoule à peu près un an avant la deuxième initiation et de même pour la seule véritable initiation de l'Ordre, celle de S.I.. Il faut cependant reconnaître que cette progression n'est pas absolue et s'adapte en général à l'évolution du frère ou de la sœur. Elle peut donc prendre parfois plusieurs années entre chacun des niveaux.

Les rites d'initiations et de réunions sont différents de Papus puisqu'il s'agit de ceux révisés par son fils lors de la résurgence. Nous ne nions pas la nécessité qu'il y eut de simplifier les rites mais regrettons simplement que comme beaucoup de réformes, elle soit allée beaucoup trop loin et supprima certaines parties qui auraient pu être maintenues. Le souci général fut de recréer un esprit martiniste qui était devenu trop maçonnique. Les Loges de Papus furent donc abandonnées pour permettre aux rites et initiations de se dérouler chez les membres en dehors d'un temple installé. Les richesses extérieures des Loges furent supprimées et la pauvreté du christianisme réinstauré. Les luttes et conflits de pouvoir disparurent, la recherche des richesses fut ôtée et les nombreuses cotisations qui pouvaient découler des locations de locaux furent évitées. Cette remarquable restructuration fit de l'Ordre Martiniste l'exemple d'un Ordre pauvre et désirant le rester.

En ce qui concerne le travail théorique, les Frères du groupe proposent un sujet d'étude sur lequel chacun va faire des recherches individuelles. Puis ce travail est ensuite exposé au groupe où une synthèse et un approfondissement apportent les clarifications indispensables au développement de chacun. Le travail n'est alors que l'expression de ce que chacun apporte. N'oublions pas qu'avec de telles structures l'Ordre n'est que ce que les membres en font. Précisons que si l'étude prend une grande place dans le travail de groupe, le rituel d'ouverture et de clôture, ainsi que le travail mystique sont destinés à équilibrer la partie intellectuelle. Ainsi, même si l'on peut regretter l'abandon de certaines parties des rites de Papus et une tendance à parfois orientaliser certaines notions, il faut reconnaître que cet Ordre semble maintenir l'idéal chevaleresque du Martinisme défini par les Maîtres.

## O. MARTINISTE TRADITIONNEL

Afin de comprendre la structure de fonctionnement de cet Ordre il nous est nécessaire de dire quelques mots de son historique bien particulier. Pour ce faire, citons un passage de la brochure de présentation de L'O.M.T. " Lumière martiniste " : " En 1931, l'Ordre fut réveillé, surtout grâce aux efforts d'Augustin Chaboseau qui était l'un des trois survivants du conseil suprême en 1890. Augustin Chaboseau servit comme

Grand Maître et Président du Conseil Suprême jusqu'à son décès le 02 janvier 1946."

Or Jules Boucher écrit : " En 1931 quelques membres du Suprême Conseil de l'Ordre Martiniste fondé par Papus, (...) créèrent l'Ordre Martiniste Traditionnel, dont Victor Émile Michelet puis Augustin Chaboseau furent successivement les Grands Maîtres. Cet Ordre tomba en sommeil en 1939. En septembre 1945, l'O.M.T. reprit force et vigueur sous la Grande Maîtrise d'Augustin Chaboseau. Ce dernier mourut en janvier 1946 et désigna son fils Jean Chaboseau pour lui succéder à la charge de Grand Maître..." Ainsi, curieusement l'O.M.T. moderne fait disparaître Victor Émile Michelet comme premier Grand Maître. Pour quelle raison ?... Erreur historique ?... Qui peut savoir ?...

Mais poursuivons l'examen de l'historique officiel de cet Ordre. " En août 1934, à Bruxelles, en Belgique, Augustin Chaboseau qui était alors Grand Maître, conféra, avec l'approbation du Conseil Suprême, le titre de Souverain Légat de l'Ordre Martiniste pour les États-Unis d'Amérique au Dr H. Spencer Lewis. Le Dr H. Spencer Lewis avait été entièrement initié dans les divers rites de l'Ordre, respectivement à Bruxelles, en Belgique, et à Lausanne en Suisse. Les chartes et documents qui accompagnaient le titre de Souverain Légat lui accordaient le pouvoir exclusif de réveiller l'Ordre Martiniste alors inactif aux États-Unis."

Un passage du texte de Jules Boucher cité plus haut indique : " En septembre 1945, l'O.M.T. reprit force et vigueur sous la Grande Maîtrise d'Augustin Chaboseau." Or d'après l'O.M.T. moderne A. Chaboseau était Grand Maître depuis 1931 ; information absolument contredite par Jules Boucher. Alors pourquoi de telles déclarations ? Il serait tentant de rejeter l'erreur sur Jules Boucher lui-même, mais rappelons qu'il fut l'un des membres du Suprême Conseil d'Augustin Chaboseau et qu'il fonda en 1948 un Ordre Martiniste Rectifié.

Comme si ce flou artistique ne suffisait pas nous allons voir que la base même de Belgique est incertaine. Citons Serge Caillet dans son livre " Sar Hiéronymus et la FUDOSI " : " Au convent de Paris, Victor Blanchard mandata Spencer Lewis pour représenter l'Ordre martiniste et synarchique aux États-Unis. (Mais je ne sache pas, contrairement à ce que d'aucuns avancent ici et là, que Spencer Lewis ait été mandaté par Augustin Chaboseau en 1934, pour représenter l'Ordre Martiniste Traditionnel sur le continent américain, et même j'en doute)." Rajoutons qu'il est en effet extrêmement improbable que Spencer Lewis reçût une telle charge puisque l'O.M.T. d'Augustin Chaboseau ne fit son entrée qu'au Troisième convent de la FUDOSI à Paris, soit en 1937 ! ! ! Au convent de 1934 quatorze fraternités étaient représentées dont comme seul Ordre Martiniste, l'Ordre Martiniste et Synarchique ! ! ! On remarque alors avec grande surprise l'approximation de l'histoire officielle actuelle. Lors du quatrième convent de la FUDOSI à Bruxelles en septembre 1939 l'attitude de Victor Blanchard qui s'était auto-consacré Grand Maître Universel de la Rose+Croix fut unanimement condamné. Il fut remplacé par A.Chaboseau et remplaça donc l'Ordre Martiniste et Synarchique par l'Ordre Martiniste Traditionnel. " A la suite de ce convent, Ralph Lewis formula une demande auprès de l'Ordre Martiniste Traditionnel pour obtenir une délégation générale et un grand conseil martiniste aux États-Unis. Sur avis favorables des Frères belges et à la suite d'un rapport de Jeanne Guesdon et de Georges Lagrèze, Augustin Chaboseau nomma Ralph Lewis " Souverain délégué et Grand Maître régional de l'O.M.T. pour les États-Unis."

En conclusion nous pouvons dire que Spencer Lewis dut recevoir la lumière martiniste par l'intermédiaire de l'Ordre martiniste et synarchique et de son Grand Maître Victor Blanchard vers 1937. Par la suite son fils de même filiation obtint de pouvoir établir une délégation générale et un grand conseil martiniste aux États-Unis et cela en septembre 1939.

Il apparaît alors très nettement qu'une partie importante des origines de l'O.M.T. a été volontairement déformée pour se créer une filiation différente. La question déjà posée reste la même, pourquoi ? Est-ce, comme certains le prétendent, par manque d'une réelle filiation ? Est-ce pour ôter la mention " synarchique" de leurs racines ? Est-ce à la suite de conflits de personnalités ? Ou bien est-ce pour tout autre chose que nous ne pouvons imaginer ? Par manque de documents nous ne pouvons aller plus loin en ce sens. Mais à partir du moment où Ralph Lewis est nommé " Souverain délégué et Grand Maître régional pour les États-Unis", la filiation et l'histoire ne posent plus de problèmes. Nous sommes alors " en famille"…

L'Ordre Martiniste Traditionnel est structuré de deux manières :

1°- En Heptade constitué de 7 officiers.

2°- Par correspondance en tant que " membres de l'Oratoire".

Reprenons ces deux points :

1°- C'est dans l'Heptade que se passent les initiations et les rites mystiques pendant lesquels se déroulent l'étude. Il nous faut reconnaître que l'O.M.T. a su conserver des rituels se rapprochant de ceux créés par Papus, que ce soit pour les initiations ou pour les rites de degrés. Certaines différences minimes ont été apportées mais sans atteindre la profonde transformation que nous avons notée dans l'Ordre Martiniste de Papus. Le point assez discutable par rapport à la philosophie du Martinisme est l'enseignement en Heptade ; identique d'ailleurs aux trois degrés de l'oratoire. Lors de la réunion de degré, le Maître de degré lit un " manuscrit officiel". Cette lecture faite et une méditation accomplie, les membres sont invités à poser des questions. Celles-ci ne doivent généralement, ni dépasser le cadre du manuscrit, ni le contredire en aucune façon. Il est le texte fondamental de l'enseignement. Précisons que ces monographies furent écrites pour la plus grande part par Spencer Lewis, alors Impérator de l'AMORC (Antique et Mystique Ordre de la Rose-Croix). Il ne peut donc en aucun cas se présenter comme le détenteur absolu de la doctrine et la philosophie Martinisme et de ses connaissances. Nous n'en voudrons pour preuve que la théorie de la réincarnation enseignée comme une évidence, conception que Saint-Martin n'approuvait pas comme nous l'avons vu antérieurement. Autant nous avons pu nous louer des rites pratiqués, autant nous ne pouvons que déplorer l'enseignement lui-même ainsi que la méthode avec laquelle il est pratiqué. Certains ont critiqué l'enseignement par correspondance, mais il nous faut voir que pour beaucoup de Frères éloignés, c'est là un lien affectif et d'évolution très importante. Cependant l'attitude en Heptade est absolument contraire à ce que la doctrine et la tradition martiniste nous enseigne. Le Frère doit être guidé individuellement, poussé à approfondir par lui-même le message des Maîtres passés et les arcanes du christianisme. Un travail dogmatique ne peut donc être le fait d'une mentalité martiniste, d'hommes de désir. Si nous soulignons abondamment ce point c'est uniquement dans le souci d'éclairer les futurs, présents ou anciens membres. Nombreux sont-ils en effet, qui, attirés par le Martinisme sont entrés dans l'O.M.T. que ce soit par la propagande extérieure ou par l'A.M.O.R.C. Nombreux sont-ils qui quittent l'O.M.T. après avoir suivi quelques mois ou années de cette école. " Le Martinisme n'est vraiment pas fait pour moi" disent-ils... Or il faut bien qu'ils sachent que ce n'est pas là le Martinisme mais l'O.M.T. c'est-à-dire un des canaux, des aspects de cette tradition.

## O. Martiniste Initiatique

L'Ordre∴ Martiniste∴ Initiatique naquit en 1968 de l'initiative de Robert Ambelain. Rappelons les grandes lignes de son histoire.

En 1942 Robert Ambelain " réveille" " l'Ordre Martiniste des Élus Cohens", issu de " l'Ordre traditionnel" et de " l'Ordre des Rose+Croix d'Orient". Le 26 octobre 1958 se constitue une " Union des Ordres Martinistes" comprenant trois Ordres : " L'Ordre Martiniste-Martinéziste" (Henri-Charles Dupont, Grand Maître, puis Philippe Encausse à la mort de H.-C. Dupont, en 1960 ), " l'Ordre Martiniste" (Philippe Encausse, Grand Maître) et " L'Ordre Martiniste des Elus-Cohens" (Robert Ambelain, Grand Maître ).

Le 28 octobre 1962, il est décidé entre Philippe Encausse et Robert Ambelain de : Fusionner " l'Ordre Martiniste" et " l'Ordre Martiniste des Elus-Cohens". Les liens sont maintenus entre ce nouveau " Ordre Martiniste" et l'Église Gnostique Apostolique Universelle et l'Ordre kabbalistique de la Rose+Croix. Il existe un Cercle extérieur correspondant à l'ancien " Ordre Martiniste" et un cercle intérieur dit " Ordre des Elus-Cohen". La présidence est assurée par les deux Frères signataires.

Le 29 juin 1967, Robert Ambelain démissionne de sa charge et désigne Ivan Mosca comme son successeur à la tête de l'Ordre des Elus-Cohen.

Le 14 août 1967, un protocole est signé entre Philippe Encausse et Ivan Mosca qui prend acte des divergences fondamentales existantes entre la " voie cardiaque" et la " voie opérative". Il existe donc à ce moment-là de nouveau deux Ordres.

Mais le 14 août 1968 (ou mai 1968 comme le déclare R. Ambelain) Ivan Mosca décrète que son Ordre est mis en sommeil pour une durée indéterminée.

Le 30 juin 1968, Robert Ambelain, créait un nouvel Ordre, " l'Ordre Martiniste Initiatique" dont il devenait le Grand Maître. Il publiait dans le milieu martiniste un texte intitulé " Origine, principes et modalités de la rectification de 1968"

Sa teneur qui donne naissance à l'Ordre dont nous parlons repose sur les éléments essentiels suivants :

Une analyse du système Elus-cohens, des pratiques, des signes, etc. montre l'archaïsme et l'inadaptation au monde moderne du système. Il est donc nécessaire d'en faire une réforme.

Il n'existe pas de véritable filiation martiniste française remontant à Louis-Claude de Saint-Martin, Papus ayant inventé sa filiation.

Il existe cependant une filiation russe authentique, possédant des rites spécifiques remontant à Saint-Martin, par l'intermédiaire de Nicolas Ivanovitch Novikoff et Eugène Schwartz, puis Galitzine.

Il existait une antipathie entre Saint-Martin et J.B. Willermoz. L'on retrouve ainsi deux rites maçonniques concurrents, le rite réformé du premier et le rite rectifié du second.

En conséquence Robert Ambelain, se fait réinitier dans cette filiation et change de " nomen" ésotérique. Il créé comme nous l'avons dit un nouvel Ordre divisé en deux temples :

Premier Temple :   Associé

                       Initié

                       Supérieur Inconnu - Doctrinal

Supérieur Inconnu Initiateur

Second Temple :   Chevalier de Palestine - Opératif

La qualité maçonnique est exigée pour entrer dans le second temple puisqu'il s'agit d'un grade maçonnique.

Le premier temple travaille sous les formes rituelles russes conservées selon R. Ambelain depuis 1800. Le Willermozisme est abandonné et les visites des martinistes " apocryphes" dorénavant refusés à l'exception de quelques Frères " particulièrement qualifiés dans les domaines des sciences ésotériques." Enfin cette rectification et retour aux rites et filiation russe est proposée à tous les martinistes ou Ordres désireux de s'y rattacher. Le 29 octobre 1984 Gérard Kloppel succède à Robert Ambelain à la Grande Maîtrise de cet Ordre. Depuis cette date il semble que les relations avec les Ordres Frères se soient considérablement assouplis et que certaines visites soient, du moins dans le principe, possibles. Le recrutement se fait parmi les Frères et Sœurs Maîtres maçons, mais l'Ordre demande un intérêt marqué pour l'ésotérisme, l'alchimie, l'astrologie, la kabbale et les mancies. Cette exigence n'est plus nécessaire quant à la maîtrise.

L'O.M.I. est aujourd'hui divisé en trois Temples. Le premier est celui de l'Ordre Martiniste Initiatique lui-même considéré comme Ordre extérieur. Le deuxième Temple est l'Ordre intérieur, Sanctuaire des Chevaliers de Palestine. Il est divisé en trois voies, théurgique, sacerdotale et chevaleresque. La première correspond à l'Ordre des Élus Cohens (Grades identiques à ceux de la tradition), la seconde à celle de l'Église Gnostique Ésotérique (Grades mineurs et majeurs ecclésiastiques) et la troisième le Grand Prieuré Martiniste (Hauts-Grades du Rectifié). Le troisième Temple est celui de l'Ordre hermétique R+C comprenant " l'O+R+C+E+" sur lequel nous n'avons aucun renseignement.

Le 21 mars 1994 Richard Gaillard succédait à Gérard Kloppel comme Grand Maître mondial de l'O.M.I.

Gérard Kloppel conservait quant à lui la présidence du Souverain Sanctuaire des Chevaliers de Palestine. Précisons enfin que l'O.M.I. conserve des liens étroits avec l'Ordre maçonnique de Memphis-Misraïm. (Même Grand-Maîtrise) Depuis l'année dernière (1995), c'est Marcel Laperruque qui est Grand Maître mondial de Memphis Misraïm et qui entretient toujours des relations privilégiées avec l'Ordre dont nous parlons.

Selon la vision de certaines personnes de cet Ordre, la métaphore platonicienne de la tripartition de l'être et de la société s'adapterait à cette structure d'ensemble. Les correspondances seraient donc les suivantes : le premier niveau correspondrait à la Franc-Maçonnerie associée symboliquement à l'estomac, au parvis, au centre de préparation. Le deuxième niveau serait celui du Martinisme, celui du cœur et de la garde chevaleresque. Enfin le troisième se situerait dans l'esprit, la tête ; c'est l'esprit de la Rose-Croix essentielle. Nous émettons un certain nombre de réserves face à cette vision qui tendrait à cloisonner les différentes approches de la voie et réduire la Franc-maçonnerie à la plèbe de l'ancienne Grèce. En région parisienne tout au moins, l'OMI essaie de travailler sur les opérativités, sur la spagyrie, etc. Le travail en Loge se fonde sur un système de planches qui visent la dimension pratique et des expériences de groupe. Il existe dans l'Ordre un prieuré actif qui comprend les classes de Maîtres écossais de Saint-André, d'écuyer novice, de CBCS (Chevalier Bienfaisant de la Cité Sainte), de Profès et Grand-Profès. Richard Gaillard a aujourd'hui fait une rectification de l'Ordre selon des principes opératifs et traditionnels. À l'époque d'Ambelain, l'Ordre était fermé, ce qu'il est beaucoup moins sous cette grande Maitrise. La structure de l'Ordre lui-même semble sérieuse et désintéressée même si elle peut laisser parfois place à certaines faiblesses ou travers que l'on attribue habituellement à un certain style de maçonnerie…Selon certaines sources l'esprit actuel des pratiques de quelques groupes s'orienterait vers une influence plus marquée du Maître Philippe, donc une démarche plus mystique que théurgique. Mais comme nous le savons ces sensibilités sont souvent très variables.

# O. Des Chevaliers Martinistes

Puis *Collège des Chevaliers Martinistes*, puis *Collège du Temple de l'Homme* :

Si nous mentionnons cet Ordre c'est parce qu'il eut dans ces deux premières formes une intention et des rites résolument martinistes. Toutefois, il prit peu à peu une orientation plus axée sur l'ésotérisme et la chevalerie. Cet Ordre fut fondé en 1980 par Pierre Crimetz alors principal responsable de l'Ordre Martiniste Traditionnel. Il devint Souverain Grand Maître alors que son épouse devint Grand Maître. La naissance de cet Ordre fit grand bruit au sein de l'O.M.T et de l'A.M.O.R.C. où Pierre Crimetz était un des hauts dirigeants depuis bon nombre d'années. L'O.M.T. était à cette époque sous la direction de Raymond Bernard, Légat Suprême pour l'Europe et de Christian Bernard, Grand Maître pour la France. Il semble que le Légat Suprême fut lié à la création de cet Ordre, bien qu'aucun texte officiel ne le stipule. Citons un extrait de la brochure de présentation situant le départ de cet Ordre : " Il fut contacté (P. Crimetz) en 1980 par un très haut responsable du domaine traditionnel de la chevalerie (...) " Il reçut le jeudi 23 octobre 1980 une initiation de haut degré, à l'issue de laquelle il fut proclamé Fondateur de l'Ordre des Chevaliers Martinistes. Cette cérémonie se déroula dans un temple traditionnel et authentique quelque part en Europe. Durant cette cérémonie, l'initiateur officiait en tant que représentant de la Tradition Primordiale. Une vingtaine de Supérieurs Inconnus ont assisté à cet événement exceptionnel dans le domaine traditionnel..." Contrairement aux traditions martinistes, aucune filiation n'est mentionnée, aucun lieu précis, aucun renseignement. Un caractère de chevalerie est mentionné, mais sans plus de précisions. Sachant que la nature de la filiation martiniste, nous pouvons nous interroger sur la filiation chevaleresque ? Nous pourrions imaginer qu'il ne s'agit en fait que d'une chevalerie spirituelle sans origine historique. Toutefois, si c'est le cas, il faut bien reconnaître qu'elle peut parfaitement être respectable et sérieuse, bien que différente de ce qui peut être donné par une filiation historique. Nous avons suggéré les problèmes que connut l'Ordre à ses débuts. Il se trouvait en effet accrédité et soutenu par le Légat Suprême de l'O.M.T., R. Bernard, alors que le Grand Maître. C. Bernard resta quant à lui tout à fait réservé. Une lettre fut envoyée aux Heptades de l'O.M.T. par le Légat Suprême expliquant le départ de P. Crimetz en ces termes : "...J'ai le devoir de vous informer que notre cher Frère Pierre Crimetz quitte aujourd'hui sa fonction et ses activités au sein de l'Ordre Martiniste Traditionnel pour continuer d'œuvrer autrement et ailleurs au service de la tradition. Son épouse, notre chère Sœur Andrée Crimetz, le suit pour l'assister dans sa tâche..." Certains, bien rares, comprirent, mais une partie de l'O.M.T., membres et dirigeants engagèrent une campagne de calomnies fort efficace. Raymond Bernard fut obligé de rédiger une deuxième lettre pour calmer les esprits. L'agitation de l'O.M.T. ne se calma que peu à peu, le temps faisant son œuvre. Les calomnies n'avaient plus lieu d'être à grande échelle. Au début, en effet, l'O.M.T. voyait partir celui qui y incarnait la mystique traditionnelle et cela troubla fortement les Frères qui hésitèrent à le suivre dans son nouvel Ordre. Le temps d'hésitation fut utilisé pour contrecarrer cet impact et conserver le maximum de membres. Nous avons voulu insister sur les grandes lignes de cette création pour montrer comment un Ordre peut se constituer et évoluer. Quelques années après sa fondation l'Ordre changea d'expression et prit le nom de " Collège des Chevaliers martinistes", puis quelque temps après abandonna la dénomination martiniste pour devenir le " Collège du Temple de l'Homme". Remarquons une association de concepts entre la tradition templière et le nom d'une œuvre de Schaller de Lubicks " Le temple de l'homme" correspondant à une étude très personnelle du temple de Louxor, d'où une dimension égyptienne. Essayons maintenant de donner les grandes caractéristiques de son enseignement durant la période où l'Ordre portait encore sa dénomination explicitement martiniste. Durant les trois années qui ont suivi sa création, les divers rites initiatiques et de groupe étaient très proches de ceux pratiqués dans l'Ordre Martiniste Traditionnel. L'évolution de l'Ordre a beaucoup plus accentué le caractère chevaleresque. À notre connaissance le travail dans l'Ordre s'effectuait à ce moment-là de trois manières : 1°- a) Par la réception de manuscrits d'enseignement traditionnel rédigés par le Souverain Grand Maître sur les sujets suivants : Le Martinisme, la Kabbale, le symbolisme, l'histoire ésotérique, la chevalerie. Ces textes sont dans l'ensemble beaucoup plus sérieux et approfondis que ceux de l'O.M.T. sans être toutefois très orthodoxe du point de vue de la doctrine martiniste. b) Par la réception de manuscrits rédigés par le Grand Maître concernant " l'art de vivre" et qui traitent en fait des problèmes actuels et quotidiens principalement au sein du couple. 2°- Par le travail en oratoire. Des manuscrits issus du Souverain Grand Maître y sont lus aux membres. Ils concernent les mêmes sujets que par correspondance. Un exercice mystique est ensuite pratiqué par le groupe avant de débattre des connaissances acquises. Tout ceci bien entendu avec les mêmes inconvénients que nous avons notés plus haut pour l'O.M.T. 3°- Par le travail lors de retraites : Les membres sont invités à se rendre au siège de l'Ordre pour effectuer des retraites de deux à trois jours. Pendant celles-ci les membres reçoivent un enseignement oral du Souverain Grand Maître visant plus spécialement une pratique opérative. Selon l'Ordre il s'agit de pratiques martinistes. Les membres ayant achevés ces retraites œuvrent suivant ces enseignements dans leur oratoire privé et envoient des rapports au terme des travaux. Précisons que ces retraites sont échelonnées en degrés permettant de franchir les initiations de l'Ordre jusqu'au grade de chevalier.

Cette pratique fut une sorte d'innovation dans les Ordres ésotériques modernes et permit semble-t-il un travail sérieux pour les membres à leur domicile. Il faut cependant reconnaître le frein indirect découlant de ces retraites du point de vue financier. Selon les textes que nous avons consultés l'enseignement opératif lui-même n'est pas ou très peu issu du Martinisme. Il est en fait tiré pour la plupart des rites de la Golden Dawn anglaise. Rappelons que la Golden Dawn est un Ordre magique anglais fondé sur une pratique active de la Kabbale.

Nous concluons l'étude de cet Ordre par une lettre qui nous a été adressée par son Souverain Grand-Maître en réponse à la présentation que nous avons faite de son Ordre. Nous la reproduisons textuellement.

" Tout d'abord, je dois vous rappeler que ma filiation martiniste est, d'une part, authentique, puisqu'elle m'a été conférée dans sa totalité par Raymond BERNARD en 1966. Le rameau que constitue ce qui fut appelé au départ " l'Ordre des Chevaliers Martinistes" ne commence donc pas dans ma filiation propre après Christian BERNARD, et selon votre diagramme, mais directement de Raymond BERNARD. Quant à la filiation chevaleresque, si je puis dire, je la détiens depuis de nombreuses années, ayant eu le privilège de Servir dans l'AMORC et d'avoir certaines fonctions ésotériques importantes, notamment en tant que Maître des Illuminati, j'ai été à même de recevoir certains legs concernant la Chevalerie Templière. Ainsi la cérémonie du 23 octobre 1980, nous habilitant à constituer une nouvelle branche de la Tradition, n'a été en fait qu'une confirmation des filiations ainsi de la possibilité de diffuser ou de retransmettre l'influence de la Chevalerie. Les rosicruciens, qui appartenaient au Cercle des Illuminati savent très bien que Raymond BERNARD possédait la filiation templière depuis très longtemps, car la tenue rituelle qu'il portait lors des cérémonies réservées aux Illuminati ne laissait aucun doute pour eux.

Cela dit, je dois ajouter, en ce qui concerne la Chevalerie, que le 27 décembre 1985, nous avons été armés " CHEVALIERS DE L'ORDRE DE SAINT MICHEL" par le Chevalier Michel SWYSEN, lui-même armé par Paul, Pierre, Jean NEVEU, Baron de Genièbre, né à la Flèche, le 1° avril 1882. " L'ORDRE DE SAINT MICHEL" appelé à notre époque "

ARCHICOMPAGNIE MICHAELITE", était dans son essence de stricte Observance Chrétienne Médiévale et en droite ligne de la Chevalerie Templière. Sa transmission s'est faite à travers de nombreuses personnalités de l'Histoire, notamment quelques rois de France et d'Espagne. [...] En ce qui concerne notre organisation, son développement et son expression se poursuivent selon un plan bien précis. Son nom a d'abord été " Ordre des Chevaliers Martinistes", puis " Collège de Chevalerie Martiniste" et depuis le 27 septembre 1986, elle porte le nom de " COLLÈGE DU TEMPLE DE L'HOMME." Cette appellation concrétise l'influence templière qui existait déjà depuis la création, sans être cependant définie avec précision, puisque les bases de départ étaient martinistes. Il ne s'agit pas pour nous de reconstituer un Ordre du Temple, mais simplement de revenir aux origines d'une part du Martinisme, et d'autre part, d'une branche particulière de la Franc-Maçonnerie.[Note : Précisons qu'aucune précision n'est donnée sur cette prétendue composante maçonnique] […] Nous continuons cependant à enseigner et pratiquer ce qui est appelé à notre époque le " Martinisme" et qui, en fait, a eu sa source, les archives ésotériques (?) le prouvent, dans l'ancienne Chevalerie Templière..."

Pierre CRIMETZ, Souverain Grand-Maître

# O. Martiniste des Chevaliers du Christ

Cet Ordre fut dirigé par Monseigneur Armand TOUSSAINT jusqu'à sa mort en 1994. Il nous a paru intéressant de reproduire ici une courte biographie de cet homme fort peu connu qui eut pourtant un rôle important dans le domaine de la tradition. Nous remercions M. Rémi Boyer, auteur de ce texte écrit à l'occasion de sa mort, de bien vouloir nous avoir permis de le reproduire.

" Armand Toussaint nous a quitté pour l'Orient Éternel le 4 juillet 1994. Né le 28 janvier 1895, celui qui fut un personnage central, mais discret, de la scène ésotérique, est parti quelques mois seulement avant de " passer le siècle".

Ancien élève de l'Athénée Royale de Charleroi, où il fit des études scientifiques, Armand Toussaint travailla toute sa vie professionnelle à la S.N.C.B., la Société Nationale des Chemins de Fer Belge, en tant qu'inspecteur principal, ce qui lui permit de nombreux voyages et contacts déterminants pour sa " carrière d'hermétiste", carrière que nous allons résumer ici.

## Armand Toussaint et le Rosicrucianisme

Armand Toussaint fut Président de la branche belge de l'Association Rosicrucienne de Max Heindel de 1933 à 1970. Il se sépara de cette organisation, en désaccord avec le dogmatisme des responsables d'Oceanside, qu'il qualifiait le plus souvent de " fonctionnaires". D'une façon générale, il devait d'ailleurs toujours se méfier de la tendance américaine de transformer une école spiritualiste ou initiatique en super-marché. En avril 1971 donc, il crée la Fraternité Rosicrucienne qu'il présente comme une continuation de l'enseignement de l'école Max Heindel. Jusqu'à la fin de sa vie, il entretint des relations avec un ancien Collège R+C, demeurant l'Ami, le Frère avancé de plusieurs de ses membres.

## Armand Toussaint et l'Église gnostique

Armand Toussaint joua un rôle important dans le cadre du courant des églises gnostiques (lire à ce propos l'article de T. Jacques sur les Églises gnostiques paru dans la revue l'Esprit Des Choses n°3). C'est Roger Dechamps, décédé le 23.12.64, qui consacra à l'épiscopat Armand Toussaint, le 1.06.63, sous le nom mystique de T. Raymond. Roger Dechamps était évêque et primat de Belgique de l'Église Gnostique Apostolique, lui -même fut consacré par Robert Ambelain (Jean III), le 31.05.59, sous le nom mystique de T. Jean

Rudiger. Plus tard, André Mauer (T. André) qui succéda à Robert Ambelain comme Patriarche de l'Église Gnostique Apostolique, peu désireux de constituer une Église très centralisée et administrée, considéra les Évêques gnostiques comme évêques libres.A plusieurs reprises, Armand Toussaint proposa au Synode de l'Église Gnostique Apostolique d' " abolir toute ségrégation de sexe dans les ordinations et, par conséquent, d'admettre les femmes, toutes autres conditions remplies, aux degrés majeurs de presbytre (prêtre) et même d'épiscope (évêque)" (Extrait d'une lettre adressée le 8 avril 1972 à Roger Caro). Devant le refus du Synode, Armand Toussaint fonda en 1969, l'Église Rosicrucienne Apostolique, ouverte également aux hommes et aux femmes, avec un vieux compagnon de route et l'un de ceux qu'il considérait comme ses " fils spirituels", Marcel Jirousek. L'influence de l'Église Rosicrucienne Apostolique grandit dans la seconde partie des années 80, jusqu'à ce jour, avec l'action de trois personnalités de la scène occultiste : Charles-Rafaël Payeur, Triantaphyllos Kotzamanis (T. Hiéronymus) et T. Pôl Lysis. Le premier fut consacré par Armand Toussaint en 1985, il fonda le Collège Sacerdotal de la Rose+Croix avant de rejoindre l'Église Catholique Apostolique du Brésil, non hostile aux ésotéristes. Depuis, Charles-Rafaël Payeur, continue à développer un enseignement, par cours, cassettes, conférences et livres, où l'occultisme se fond dans un profond humanisme. Triantaphyllos Kotzamanis, également Grand-Maître Mondial de l'obédience maçonnique, " l'Orient Universel des Rites Traditionnels", Archevêque-Primat de Grèce de l'Église Rosicrucienne Apostolique (appelée en Grèce, comme en France, Église Rosicrucienne Gnostique & Apostolique), se bat pour la reconnaissance légale de cette église, face à la toute puissante hégémonie de l'Église orthodoxe grecque, qui voit là une atteinte à sa " souveraineté". T. Pôl Lysis, Archevêque-Primat de France, Suisse et Italie a au contraire conservé le caractère discret et ésotérique de l'Église, que lui avait donné Armand Toussaint, en la réservant aux Martinistes, Rosicruciens et Franc-Maçons.

## Armand Toussaint et le Martinisme

Armand Toussaint fut reçu dans le Martinisme et consacré Supérieur Inconnu Initiateur par son Maître Serge Marcotoune de Kiev, Maître Hermius qui le chargea d'ouvrir une Loge en Belgique. Après la mort de Serge Marcotoune, le 15 janvier 1971, Armand Toussaint fonda l'Ordre Martiniste des Chevaliers du Christ, véhicule à la fois de la filiation martiniste russe et d'une filiation chevaleresque. L'O.M.C.C. se développa peu jusque dans les années 80. A cette époque, Armand Toussaint autorisa Triantaphyllos Kotzamanis et Pôl Lysis à ouvrir des Loges au caractère hermétiste nettement affirmé, sous le nom de Loges de Chevaliers Verts. Ce courant de l'O.M.C.C. s'est développé sur tous les continents, et au début de l'année 1994, Armand Toussaint autorisa la réorganisation des Loges de Chevaliers Verts sous l'autorité d'une Grande Loge Internationale des Chevaliers Verts, très indépendante, mais demeurant dans le sein de l'O.M.C.C.. Armand Toussaint fut également membre de l'Ordre des Chevaliers Maçons Elus Coens de l'Univers, mais s'en éloigna rapidement, considérant trop complexes et souvent inefficaces les opérations proposées. Quoique réticent, il ne s'opposa toutefois jamais aux relations entretenues par les Loges martinistes de Chevaliers Verts avec l'un des Ordres Élus Coens opérants actuellement.

## Humanisme et oecuménisme

Armand Toussaint demeura toute sa vie un humaniste convaincu. Après la seconde guerre mondiale, il fut contacté pour le projet " Stop war", projet spiritualiste qui tenta par des conférences, des congrès internationaux, des publications, d'orienter les politiques nationales et internationales dans une autre direction que celle que nous connaissons. Ce projet ne donnant aucun résultat significatif, Armand Toussaint, repris des études de culture générale et se consacra à sa Queste spirituelle. Il fut également secrétaire général du World Spiritual Council, qui travailla pour un œcuménisme sans conversion, sous la présidence de Frans Wittemans, ami personnel d'Armand Toussaint. Toute sa vie, il fit preuve d'une réelle tolérance et d'une grande sagesse face aux crises qui agitent les individus comme les sociétés. Il soutint régulièrement des projets visant à créer des contacts entre responsables d'organisations traditionnelles. Dans une lettre du 20 mars 1973, adressée à Roger et Madeleine Caro, il écrit : " Mes félicitations aussi pour votre large sens œcuménique véritable. Les spiritualistes de tous genres parlent sans cesse de fraternité et du même DIEU unique, sans vouloir toutefois se rencontrer et dialoguer ainsi que font tous les autres corps civils ou militaires constitués, malgré des idéologies fort différentes et souvent même adverses. N'est-ce pas cependant aux spiritualistes à donner l'exemple dans cette voie ? Nous sommes loin du compte, en général." Les dernières années de sa vie, ne pouvant plus voyager, il approuva et suivit avec intérêt l'expérience œcuménique des Colloques Arc-en-ciel, puis plus tard, les travaux du Groupe de Thèbes.

## Armand Toussaint et l'Alchimie

Armand Toussaint se passionna pour l'Alchimie. Sa rencontre avec Roger Caro fut déterminante pour les deux hommes et pour les organisations qu'ils dirigèrent. Lorsqu'Armand Toussaint écrit pour la première fois à Roger Caro le 20/08/1971, il se présente notamment comme " étudiant en Alchimie depuis 25 ans, sans réalisation pratique véritable" et demande à bénéficier de l'enseignement des Frères Ainés de la Rose+Croix. Cette date verra donc la naissance d'une amitié qui ne se démentira jamais entre les deux hommes, malgré le temps et l'éloignement, et les premiers pas d'Armand Toussaint sur la voie du Cinabre, qu'il explorera jusqu'à la fin de sa vie, en devenant l'un des meilleurs spécialistes de cette voie, recherchant notamment toutes les applications médicales de la Quintessence et de la Pierre au Rouge.

En 1992, il autorisa la création d'une Loge martiniste " Cinabro", rassemblant les Frères et Sœurs de l'O.M.C.C. qui se consacraient à l'étude et à la pratique de la voie du Cinabre.

Il ne semble pas qu'Armand Toussaint ait pratiqué de façon intensive d'autres voies alchimiques, malgré quelques contacts avec Eugène Canseliet. Armand Toussaint avait reçu également une connaissance très précise d'une Alchimie interne du Corps de Gloire, basée sur le Cantique des Cantiques, texte qu'il avait publié avec un commentaire.

## Armand Toussaint et Roger Caro

La rencontre d'Armand Toussaint avec Roger Caro devait être à l'origine de la naissance de l'E.U.N.A., Église Universelle de la Nouvelle Alliance.

Lorque Roger Caro reçoit la première lettre d'Armand Toussaint, il y voit un signe du Ciel. En effet, depuis 1969, l'Ordre des Frères Ainés de la Rose+Croix n'a plus de Grand-Prieur Général (Cf. le courrier adressé par Roger Caro à Armand Toussaint le 24/09/1971), il proposera donc ce poste à Armand Toussaint qui devait accepter sans hésiter. Roger Caro le mit immédiatement, conformément à la tradition de l'Ordre, en contact avec un Maître-guide qui l'assistera jusqu'à l'Adeptat, reçu en 1972, Adeptat qui fit de lui, à part entière, un Frère Ainé de la Rose+Croix. Il fut nommé plus tard Imperator honoraire des F+A+R+C+.

Armand Toussaint consacra Roger Caro évêque le samedi 10 juin 1972, en la résidence des Angelots, à Saint-Cyr-sur-Mer, siège des F.A.R+C. Après avoir envisagé de développer l'Église Rosicrucienne Apostolique en France et à l'étranger (à cette époque, l'E.R.A. était presque inexistante hors de Belgique) Roger Caro propose à Armand Toussaint de fonder l'Église de la Nouvelle Alliance en inter-communion avec l'E.R.A., la première pour les alchimistes, la seconde pour les rosicruciens. Pour fonder son Église, Roger Caro s'appuya sur les documents de l'ex-Église Templière, canons et rituels, trouvés dans les archives de l'Ordre des F.A.R+C. Ce projet était pour lui essentiel, et il devait sa vie durant remercier Armand Toussaint de lui avoir permis de le réaliser (Cf. lettre du 31/09/1971, adressée par Roger Caro à Armand Toussaint et son épouse). Plus tard, Roger Caro devait fermer l'Ordre des F.A.R+C, invitant les membres à se retirer dans le sein de l'Église de la Nouvelle Alliance.

## Armand Toussaint et l'Orient

Armand Toussaint avait beaucoup voyagé et rencontré plusieurs Maîtres orientaux. Adepte de l'école Soto Zazen, il était favorable à un œcuménisme entre l'Orient et l'Occident. Il mit au point une technique originale, dite yoga panaghion, allant des bases martinistes enseignées par Serge Marcotoune à ce qu'il nommait " l'accord-fin", à la fois technique et concept qu'il avait reçu par une lignée de grands Saints indiens. A la fin de sa vie, il faisait très curieusement référence aux " cristaux verts, très tangibles, de la Cité de Shamballah".

## Un homme hors du commun

Ce bref aperçu de la carrière d'Armand Toussaint dans le monde secret de l'ésotérisme permet de comprendre l'influence de cet homme discret et à l'intelligence vive sur de nombreux courants traditionnels occidentaux, et l'aide qu'il sut apporter à de nombreux chercheurs, Martinistes, Rosicruciens, Franc-Maçons, et alchimistes. Très rationnel et pragmatique, ayant suivi l'évolution de la recherche psychologique jusqu'à la fin de ses jours, il fut pour beaucoup l'ami, le guide et le compagnon, le Frère, toujours présent dans les bons jours comme dans les mauvais jours. C'est donc un Ami de Dieu qui nous a quitté pour rejoindre le Royaume qui toujours fut le sien : le Très Haut Pays."

Nous nous référons dans les lignes qui suivent à la plaquette de présentation ainsi qu'aux diverses conversations que nous avons pu avoir avec ses responsables.

L'Ordre Martiniste des Chevaliers du Christ groupe des mystiques chrétiens, des hermétistes rosicruciens, qui suivent la Voie Initiatique de leur Réintégration spirituelle ou Catharsis (perfection spirituelle). Il se présente comme l'héritier de la Tradition des anciennes sociétés initiatiques stoïciennes mithriaques, comme johannite, rosicrucien et gnostique. Le but poursuivi par ses membres est " de libérer l'être humain de l'emprise du Prince de ce monde et de réaliser l'union mystique de la personnalité connue (conscience) avec l'individualité profonde (supra-conscience)."Ses membres s'efforcent d'accéder à la maîtrise en rejoignant le " Royaume du Centre"" propice à la descente du Paraclet envoyé par le Christ, avec, en outre, l'aide de l'attachement par le biais de l'Initiateur à l'Egrégore protecteur de la Chaîne Occulte. Une des caractéristiques importantes de l'Ordre, suffisamment rare pour qu'on la mentionne, est celle de l'initiation des Supérieurs Inconnus Initiateurs. Dans la quasi-totalité des Ordres martinistes, l'initiation transmise l'est " sous condition". C'est à dire que l'on demande au futur Supérieur Inconnu de s'engager à ne pas transmettre ce grade de consécrateur sans l'aval de la hiérarchie de son Ordre. Ceci ne correspond évidemment pas aux anciennes coutumes, mais s'explique seulement par les préoccupations administratives. Dans l'OMCC, les SII sont véritablement libres et aucun serment limitatif de leur pouvoir ne leur est imposé. Ils sont donc libres et responsables d'enseigner et de transmettre.

La filiation de cet Ordre remonte à Louis-Claude de Saint-Martin selon la chaîne de transmission qui suit :

- Louis-Claude de saint-Martin qui reçut en 1780 (*) :

- Le Prince Kourakine, diplomate en France qui reçut :

- Nicolas Novikov, écrivain et éditeur, l'un des principaux responsables de la Franc-maçonnerie et de la Rose+Croix de Russie, qui reçut :

- Gamaleï, poète, qui reçut :

- Posdéév, qui reçut :

- Pierre Kasnatchéév, qui reçut :

- Serge Marcotoune, avocat, de son nom mystique Maître Hermius, qui reçut en 1930 :

- Armand Toussaint, de son nom mystique Maître Raymond Panagion, Grand-Maître de l'Ordre et Patriarche de l'Église Rosicrucienne Apostolique jusqu'à son passage à l'Orient Éternel, en 1994.

(* Selon d'autres sources, c'est le Prince Galitzine, également fidèle de Saint-Martin, et non Kourakine, qui aurait reçu Nicolas Novikov.)

Outre cette filiation, l'OMCC est également dépositaire de la filiation Papus, et de la filiation martiniste russe par Robert Ambelain, filiation qui remonte également à Nicolas Novikov, mais par une autre voie. Cet Ordre affirme en ce qui concerne la filiation martiniste, adhérer à la thèse de Robert Amadou, selon laquelle Louis-Claude de Saint-Martin n'a jamais fondé d'Ordre martiniste, ni transmis d'initiations martinistes sous forme rituelle. Il s'agirait donc d'une filiation de désir, d'une filiation spirituelle qui s'est peu à peu formalisée rituellement, sous l'influence de diverses personnalités, notamment Novikov et Papus.

La Grande Loge des Chevaliers Verts est placé sous l'autorité du Maître-Directeur et d'un Suprême Conseil. Ce dernier est composé des Supérieurs Inconnus / Initiateurs Libres de l'Ordre, reçus rituellement dans l'Ordre des Supérieurs Inconnus.

Les femmes et hommes sont admis aux trois grades traditionnels, interprétés de la façon suivante :

Les Associés : Ils s'intègrent à l'Egrégore de la Chaîne Occulte en regardant, en écoutant, et en se taisant. Les Initiés : Soutenus et protégés par l'Egrégore de la Chaîne Occulte, ils parcourent la Voie Initiatique pour leur Réintégration personnelle. Ils expérimentent. Les Supérieurs Inconnus, Gardiens de la tradition martiniste, ils approfondissent la Voie (nous donnons à ce mot un sens proche du mot " Tao"). De par leurs travaux opératifs, et leurs recherches, ils se préparent à transmettre l'héritage traditionnel. Les Initiateurs Libres : peu nombreux, ils sont chargés de préparer les chercheurs à l'initiation. Ils transmettent librement, et sous leur seule responsabilité, l'initiation à ceux qui se sont dûment préparés. Ils encadrent les membres de l'Ordre et conduisent les travaux rituels.

Cet Ordre entretient des relations fraternelles avec la plupart des Ordres martinistes de par le monde, comme avec des organisations appartenant à d'autres courants, qui perpétuent également, selon leurs propres rites et coutumes, la Tradition alchimique et hermétiste des anciens Rose+Croix.

Une dimension plus proprement chevaleresque apparaît une composante importante de cet Ordre. Selon les textes de l'Ordre, " L'initié éprouve, au cours de ses pérégrinations, des joies profondes indicibles qui le confirment dans sa direction vers la Lumière du Christ. De même, il est en butte à toutes sortes d'épreuves qui tiraillent son manteau (corps subtil). Il doit sans se lasser, épurer, fortifier ce manteau en se libérant de ses inhibitions, complexes, refoulements ou cristallisations psychologiques contraignantes. Il est le Chevalier errant du Graal, partant en Aventure, pour conquérir la Citadelle de l'Etre."L'Ordre est dépositaire de plusieurs traditions chevaleresques, distingue vingt-huit échelons, ou épreuves libératrices, ou pièces de l'armure que le Chevalier du Christ acquiert progressivement au long de ses expériences enrichissantes vers la Lumière spirituelle." Les prises de conscience se présentent à l'initié (celui qui commence.) jusqu'à ce que le manteau de ce chercheur de vérité intérieure soit parfaitement purifié et brillant, permettant alors par l'opération du Grand Œuvre, la création du Corps de Gloire. Le Chevalier du Christ lave continuellement sa " robe", donc son karma (ou destinée) résultant de ses expériences déficitaires antérieures. Il purifie son caryotype (thème astrologique de naissance). Cette volonté de maintenance et de perfection s'affirmant de plus en plus dans ses efforts le rendra stable et enfin invulnérable."

Précisons encore que l'étude se fait en Loge et à domicile. Le travail est nettement théurgique et martinésiste. Il prépare à deux types de théurgie, la théurgie Cohen et la théurgie salomonienne dans le cadre des Supérieurs Inconnus. Dans cet Ordre, le Cercle des SI existe réellement et constitue un véritable Ordre, ce qui n'est pas toujours le cas ailleurs, même si la dénomination est utilisée. Il existe aussi des pratiques d'ascèse des psaumes et de l'anacrise sont observés selon des règles et techniques précises. C'est l'initiateur qui a en charge la progression individuelle dans le cadre de ces aspects pratiques. Cet Ordre a des liens privilégiés avec l'Eglise Rosicrucienne Apostolique, ainsi qu'avec l'Ordre des Chevaliers Maçons Elus Cohens de l'Univers qui n'est pas à confondre avec celui dont nous avons parlé dans l'analyse de l'OMI.

# O. Martiniste Synarchique

Cet Ordre fut fondé par Victor Blanchard à la mort de Téder. Ses rites s'inspirent directement de ceux dits de Téder. Il est aujourd'hui représenté par trois branches distinctes et indépendantes l'une de l'autre : 1° Un O.M.S. dont le centre est en Angleterre et qui est sous la Grande Maîtrise de Louis Bentin. 2° Un O.M.S. dont le centre est au Québec. (Il semblerait que cette branche soit une dissidence de la précédente.) 3° Une branche importante située au Barbades sous la responsabilité de David Guittens. A noter que l'Ordre Kabbalistique de la Rose-Croix que j'ai l'honneur de diriger a reçu l'autorisation d'utiliser les enseignements de la branche des Barbades.

## O. Martiniste Libre

Créé en 1983 à l'initiative de quelques sœurs et Frères, il se regroupa autour de la personne de Pierre Rispal. Il entretient des relations d'amitié avec l'Ordre Martiniste Initiatique. Il est présent principalement en Belgique, au Luxembourg et en Suisse. Certaines informations récentes tendraient à montrer que cet Ordre serait sur le point de se mettre en sommeil.

## O. Martiniste S.I.

Fondé il y a relativement peu de temps par M. Marc Jones qui en est le Grand Maître il se présente comme un des rameaux issus de la prestigieuse tradition martiniste. (Précisons que Marc Jones était Grand-Maître adjoint de l'Ordre Martiniste Libre avant qu'il ne s'en retire pour constituer sa propre structure.) L'Ordre distribue aux hommes et aux femmes les différents degrés traditionnels. Son objectif est la réintégration de l'Être Humain dans sa pureté primitive et le rapprochement de l'Homme vers Dieu. Selon sa première brochure cet Ordre martiniste " se voulant dépouillé de toute structure saturnienne, n'a point de structure officielle, pas de statuts, pas de siège social, pas de cartes de membres, pas de cotisations, pas de droits d'entrée. Il n'existe que dans l'invisible. Néanmoins, " il comprend des adhérents simples et des " initiés" répartis eux en trois échelons, soit deux degrés probatoires et un grade. (Celui de S.I.)"

Cet Ordre comprend :

" - Un cercle extérieur d'études ésotériques, qui est une école de formation pour les deux premiers degrés lesquels se réunissent en " Loge de formation".

- Un cercle intérieur des S.I. qui se réunissent en " Chapitre" et " Grand-Chapitre et dont la volonté est de faire partie de cette communauté élective appelée " sanctuaire intérieur", " société des élus" ou " Église intérieure" (d'Ekhartshausen et Loupoukhine)."

Il serait intéressant de savoir comment peut fonctionner un Ordre qui réunit ses membres tandis qu'il ne possède ni siège social, ni structure administrative, etc. Les membres se réunissent en Chapitres (groupe possédant un Vénérable Maître qui est seul apte à initier) ou en Cercle (dans lequel il n'y a pas d'initiations état donné que le plus haut grade représenté est celui de SI et non SI IV. Le Grand-Maître a tenté de composer des rites fondés sur les anciens rituels en s'inspirant en partie de celui de Blitz et de celui de Philippe Encausse via son initiateur, Pierre Rispal (Grand-Maître de l'O.M. Libre). Une courte invocation a été rajouté sous forme de prière qui fut écrite par Cagliostro. Le travail se fait sous la forme de planches avec une orientation particulière vers la question de la réincarnation et le Maître Philippe de Lyon. (Ce dernier est à la fois l'identité et la référence la plus importante de l'Ordre. Il est d'une certaine manière, sa raison d'être dépassant peut-être Saint-Martin lui-même). De la même manière que dans la plupart des Ordres martinistes, les chaînes de prières sont dédiées à une ou plusieurs personnes souffrantes.

Cet Ordre est plutôt implanté en France (Paris, Béziers) et au Luxembourg.

Il est rattaché à l'Eglise Rosicrucienne Apostolique dont Armand Toussaint était le responsable. Le Grand-Maître est aussi responsable de la Chevalerie du Saint Graal dont la gnose se réfère à Chauvet. Les cérémonies d'adoubement ont un fort aspect religieux, étant donné qu'il s'agit d'une chevalerie se transmettant au cours d'une messe sans adoubement par l'épée. Beaucoup de ses membres sont Francs-Maçons.

## Mentionnons encore :

### O. Martiniste rectifié

Fondé en 1948 par un des membres du Suprême conseil d'Augustin Chaboseau. Il est possible que Jules Boucher qui le présente dans sa brochure intitulée " Du Martinisme et des Ordres martinistes" paru dans la revue " Le symbolisme" de Septem. Octob. Novem. 1950, ait été actif dans cet Ordre.

Selon les déclarations de principe de cet Ordre :

" I. L'O.M.R. est un groupement spiritualiste unissant fraternellement tous ceux qui admettent la nécessité d'une rédemption individuelle et collective basée sur les enseignements de Louis-Claude de Saint-Martin.

II. Conformément aux enseignements de L.-C. de Saint-Martin, l'O.M.R. reconnaît la vérité de la Chute et affirme la nécessité de la Réconciliation de l'Homme avec son Principe.

III. L'O.M.R. rejoint la Tradition Chrétienne dans ce qu'elle contient de véritablement " universel", mais ne saurait être inféodé à un exotérisme quel qu'il soit. L'héritage initiatique conservé et transmis par l'O.M.R. est un spiritualisme transcendant. L'O.M.R. respecte les différentes formes de la Tradition qui ne sont qu'une fragmentation de la Tradition Primordiale. [...] L'initiation martiniste ne comporte qu'un seul grade, celui de S.I.. [...] L'O.M.R. veut des Martinistes sincères et ne confère pas l'initiation dont il est le transmetteur à ceux qui ne seraient pas qualifiés pour la recevoir." Nous ne savons pas ce que cet Ordre est devenu ensuite.

### O. Des Maîtres Cohens

Le centre de cet Ordre était situé à Bruxelles.

### Loge Souveraine Martinésiste

Cette Loge était située en Belgique.

### L'Ordre martiniste hermétique

Il semble que cet Ordre ait pour origine un personnage énigmatique que l'on retrouve à plusieurs reprises sur la scène occulte, Joel Duez… Les Frères et sœurs poursuivent le travail seuls depuis approximativement quatre ans après avoir rompu avec celui qui leur avait transmis cette filiation. Cet Ordre compterait une dizaine de personnes.

# 7° PARTIE – RETOUR AUX RACINES

## Le Martinisme et l'O.K.R.C.

Quelques mois après avoir créé l'Ordre kabbalistique de la Rose-Croix, soit plus de quatre-vingts ans apres la mort de Saint-Martin, Papus et Chaboseau, tous deux membres de la direction de l'Ordre découvrirent qu'ils avaient reçu une filiation remontant au célèbre théosophe.

Papus affirma avoir été initié en 1882 au grade de S.I. « Supérieur Inconnu » par Henri Delaage qui se réclamait d'un lien direct avec Saint-Martin par le système « d'initiations libres ». Quant à Chaboseau, sa filiation lui aurait été transmise par sa tante Amélie de Boisse-Mortemart. Tous les deux décidèrent de s'initier mutuellement et informèrent immédiatement les autres responsables de l'Ordre. Papus et Chaboseau confirent cette filiation essentiellement spirituelle de Louis-Claude de Saint-Martin à l'Ordre kabbalistique de la Rose-Croix. Comme le déclara Delaage, elle n'était alors matérialisée que par « deux lettres et quelques points ».

Immédiatement conscient de la richesse de cet héritage, l'Ordre donne un corps à cette transmission en l'associant à l'initiation de « Philosophe Inconnu » du système maçonnique de H.-T. de Tschoudi. Puis cette cérémonie de « Supérieur Inconnu » devint le degré préliminaire de l'Ordre. La version maçonnique qui était à l'origine essentiellement symbolique fut ainsi activée par les connaissances opératives des membres de l'Ordre. L'Etoile Flamboyante put alors pleinement rayonner de nouveau.

A partir de ce moment, tout nouveau membre de l'Ordre kabbalistique de la Rose-Croix devait d'abord être reçu Supérieur Inconnu, Adepte de Saint-Martin.

Ce premier degré de S∴ I∴ constitue le fondement moral et spirituel de l'Ordre. Il en est le préalable.

Louis-Claude de Saint-Martin fonda une "petite école à Paris" quelques années après la mort de son maître Martinès de Pasqually. Cette société (communauté) avait pour but la spiritualité la plus pure. Il intégra les doctrines de Martinès aux siennes et instaura comme unique degré celui de S∴ I∴. Ce titre était une reprise de l'appellation distinctive de la dignité suprême des membres du Tribunal Souverain de l'Ordre des Elus-Cohens. Dans la plupart des sociétés secrètes l'initiation se faisait par degrés. Ici Saint-Martin choisit d'instaurer une transmission avant tout morale et spirituelle. Il s'agissait de recevoir la clé qui ouvre la porte intérieure de l'âme par laquelle on communique avec les sphères de l'Esprit. A ces hauteurs, nulle condition, nul état intermédiaire. Seuls sont requis une manifestation du désir, un engagement de l'âme et un réveil de la volonté droite.

Les principes étaient à la fois identiques et différents à ceux de l'Ordre des Elus-Cohens. Les techniques et les préparations rituelles par exemple ont toujours été relativement simples dans l'école de Saint-Martin. Ce dernier considérait que la préparation est le résultat de la vie que l'on mène intérieurement et extérieurement. Dans cette voie mystique, à la différence de certaines étapes magiques et théurgiques, c'est notre travail intérieur quotidien, notre "attitude morale de pureté" qui tient lieu de préparation. Cela signifie que toutes les préparations rituelles sont inutiles pour quelqu'un qui ne pratique pas cette démarche intérieure. C'est la seule condition à l'approche d'une véritable pureté intérieure.

C'est pour cette raison que l'Ordre Kabbalistique de la Rose+Croix a toujours considéré ce grade comme préalable moral à la formation entreprise. Il n'était donc point nécessaire dans ce cas d'en faire un Ordre. Cette première étape de S.I. est donc fondamentale et paradoxalement ne nécessite qu'une formation théorique minimale. Cet état est spirituel et constitue une démarche intérieure indéfectible. Comment imaginer qu'il faille étudier la kabbale, la théologie ou toute autre science pour s'engager moralement dans une telle démarche intérieure. L'intellectuel n'a rien à voir avec ce type de prise de conscience. La formation est d'un autre Ordre, vise des degrés et étapes différents.

Voilà ce que fut l'Ordre Martiniste des origines.

Il fallut attendre Papus et ses successeurs pour que naisse une volonté de faire du martinisme un ordre structuré en degrés menant à la seule initiation transmise par Saint-Martin.

Quelques années plus tard, en 1891, l'Ordre kabbalistique de la Rose-Croix demanda à Papus de développer l'initiation de Supérieur Inconnu sous la forme d'un Ordre extérieur dont le rôle essentiel serait la spiritualité et la chevalerie chrétienne. Papus choisit de le structurer selon l'échelle maçonnique en trois grades. La seule réelle initiation fut évidemment la dernière, celle de S.I. (Supérieur Inconnu). Nulle ambiguïté dans la mission confiée à Papus. Il s'agissait de permettre à un plus grand nombre de personnes de découvrir la pensée de Saint-Martin et d'entreprendre la démarche morale représentée dans la plus pure forme de chevalerie chrétienne.

Cette structure donna une pérennité certaine à l'Ordre Martiniste qui continua à se développer après la mort de Papus et à se ramifier suivant les aléas de son histoire.

De son côté, l'Ordre kabbalistique de la Rose-Croix, fidèle à sa démarche, continua à accepter en son sein des candidats ayant déjà reçu l'initiation de Supérieur Inconnu ou la leur transmettait selon la forme originelle comme préalable à la démarche entreprise en son sein.

Pour savoir plus sur l'Ordre Kabbalistique de la Rose-Croix, je vous conseille de vous rendre sur le site Internet de l'Ordre à l'adresse suivante : www.okrc.org

# L'ARCHICONFRÉRIE DE IESCHOUAH

## Introduction

Il est important de se souvenir de trois choses essentielles :

1- Le cœur de la Kabbale chrétienne est la révélation de la nature et du rôle de Ieschouah.

2- L'Ordre Kabbalistique de la Rose-Croix fut le premier Ordre Rose-Croix moderne à exister.

3- L'essence du mouvement Rose-Croix est religieuse, tant par la transmission authentique de pouvoir au sein de sa lignée, que par les rites qu'elle possède.

L'Archiconfrérie de Ieschouah est un groupe d'hommes et de femmes ayant reçu cette transmission cachée des mystiques chrétiens, les sacrements internes de la lignée religieuse de la kabbale chrétienne et qui se sont placés sous la haute protection de Ieschouah. Il n'est pas requis d'être déjà membre de l'Ordre Kabbalistique de la Rose-Croix pour intégrer l'Archiconfrérie de Ieschouah.

## Origine de l'archiconfrérie

Chacun sait que la lignée occulte des Illustres Grands Patriarches de l'Ordre Kabbalistique de la Rose-Croix est constituée de mystiques et religieux ayant été en charge de diverses églises connues. Cette succession a assuré une transmission continue de l'autorité et des pouvoirs sacerdotaux et occultes rattachés à Ieschouah. C'est elle qui est présente dans l'Archiconfrérie de Ieschouah. Il convient de ne pas la comparer à des créations martinistes plus récentes ou à des spiritualités chrétiennes ne connaissant pas les clés occultes de la kabbale chrétienne.

## Structure

L'Archiconfrérie de Ieschouah est structurée selon 5 puissances occultes nommées « marches », 3 degrés d'autorité nommées « sacerdoces » et 1 cercle occulte dont le nom n'est pas dévoilé ici.

L'Ill. Grand Patriarche Rose-Croix de l'Ordre Kabbalistique Rose-Croix a la charge directe de cette lignée. C'est lui qui prépare directement les éléments nécessaires à la transmission qui sont adressés aux suppliants.

Pour savoir plus sur l'Archiconfrérie de Ieschouah, je vous conseille de vous rendre sur son site Internet à l'adresse suivante : www.ieschouah.org

# ANNEXES

## Suggestion d'une trame d'étude du martiniste

### 1. Associé :

**Sujets d'étude** : Histoire des traditions ; Introduction à la Kabbale ; Introduction à l'Occultisme ; Introduction à l'astrologie ; Le symbolisme.

#### a) *La tradition occidentale* : valeur, caractéristiques et place particulière

Dion Fortune, *La Kabbale mystique*, § 1-2-3-4.
A. Joly et R. Amadou, De l'agent inconnu au Philosophe inconnu.
A. Faivre, Mystiques, théosophes et illuminés au siècle des lumières.
Sédir, Initiations.

#### b) Histoire du Martinisme : histoire et doctrine élémentaire A. Viatte, Les sources occultes du romantisme.

A. Joly, *Un mystique lyonnais et les secrets de la F. M.*.

*L'illuminisme au XVIII° siècle*, in les cahiers de la tour Saint Jacques, Paris, 1960.

*La F. M. au XVIII° siècle.*, § 1-2

*La F. M. occultiste et mystique, le Martinisme, historique et doctrine.*

Robert Amadou, *L'occultisme*.
Louis-Claude de Saint-Martin, *Des erreurs et de la Vérité*.
Louis-Claude de Saint-Martin, *Ecce Homo*.
Martinès de Pasqually, Traité de la Réintégration des êtres. (Début)
Emmanuel Swedenborg, *Les arcanes célestes*, vol. 1

### c) Étude symbolique : définition, but et rôle

Papus, ABC illustré d'occultisme, etc.
R. Ambelain, A l'ombre des cathédrales, etc.
Fulcanelli, Le Mystère des Cathédrales.
Louis Charbonneau Lassay, *Le bestiaire du Christ*.
Collection Zodiaque, *Les symboles*.

## 2. INITIÉ :

**Sujets d'étude** : Le Tarot ; La fonction du rituel ; La magie ; Le processus de l'Initiation ; La Kabbale ; Introduction au Zohar ; La constitution occulte de l'homme ; histoire et fonction des sociétés secrètes.

Étude de la Bible (Genèse, Évangile et Apocalypse de Jean) ;

**Pratique** : entraînement à la visualisation ; méditation sur les symboles ; prière ; méditation occulte ; rappel de soi.

### a) Les textes sacrés bibliques : valeur, étude.

La Bible, (traduction de Darby pour étude, traduction de Second pour lecture, traduction plus ancienne de Maître de Saci pour étude, traduction de Chouraqui pour étude. Les traductions dites oecuméniques sont en général à éviter étant assez loin du texte original. Voir par exemple la Bible bilingue distribuée par les Editions Colbo)

### Compléments :

A. Abecassis, *La pensée juive*.
Commentaires de Chouraqui sur la Bible.
*Œuvres des* Pères et Docteurs de l'Église.

## b) Le mysticisme : introduction.

L'imitation de Jésus-Christ.

C'est un texte merveilleux dans lequel on ressent l'héritage de l'ancien stoïcisme. Il donne accès à une sensibilité très proche du cœur du Martinisme.

Les œuvres de Sédir.

Ami de Papus, sa rencontre avec le maître Philippe le transforma totalement et ses écrits exposent d'une manière très intéressante ce qu'est le cœur et l'essence du christianisme et donc du Martinisme.

Œuvres de quelques mystiques chrétiens : Ste Thérèse d'Avila, St Jean de la croix, J. Böeme,.

## c) Les Maîtres passés : biographies.

Papus, Maître Philippe de Lyon, Saint-Martin, J. Böeme, Martinès de Pasqually.

## d) La kabbale : introduction.

Kabbale hébraïque : œuvres de G. Cholem (*les grands courants de la mystique juive*, etc.), MOPSIK Charles ( *Les grands textes de la Kabbale, les rites qui font dieu*). Etc.
Kabbale chrétienne : œuvres des kabbalistes chrétiens, Pic de la Mirandole, etc.
Kabbale moderne : Dion Fortune, Gareth Knight, Israël Regardie.
Robert Ambelain, La kabbale pratique.

Carlos SUARES
Collection " *Que sais-je ?*" sur ces sujets.

### e) Tradition R. C et F. M. : introduction.

Sir Edward Bulwer Lytton, *Zanoni*.
R. Edighoffer, R+C et société idéale selon J. V. Andréa.
B. Gorceix, La Bible des R+C.
J. Boucher, L'ensemble de ses œuvres. (Avec certaines réserves toutefois)

### f) Martinisme :

Louis-Claude de Saint-Martin : Les nombres, Le nouvel homme, Dix prières, De l'esprit des choses.

Martinès de Pasqually, suite du Traité de la réintégration des êtres.

### g) Occultisme :

Eliphas Lévi, Dogme et rituel de haute magie, Le grand arcane, etc.
Robert Ambelain, Le sacramentaire des Rose+Croix.

Isha Schwaller de Lubicz, L'ouverture du chemin, La lumière sur le chemin et bien évidemment les deux romans (Her-bak, Ed. Garnier Flammarion).

## *3- SUPÉRIEUR INCONNU :*

**Sujets d'étude** : l'angéologie ; l'alchimie ; l'hermétisme ; la théurgie.

**Pratique** : Opérations théurgiques ; processus de régénération ; méditation.

### a) Le nombre trois : *exemple d'étude*

Pythagore,

Platon, La république,
Saint Augustin, De Trinitate,
Saint Anselme, De fide trinitatis et de incarnatione Verbi,
Saint Thomas d'Aquin,
J. Böeme,
Saint Yves d'Alveydre.

**b) Les textes sacrés :** *approfondissement*

### Tradition hébraïque :

L'étude de l'hébreu est la seule clef permettant d'approcher réellement les textes bibliques. Pour cela s'adresser à :

Institut HOROWITZ, 85, rue d'Hauteville, 75010 PARIS. (Cours clairs. Les manuels de l'institut sont très accessibles et très clairs, mais n'ont pas de corrigés.)

" *Hébreu Biblique, méthode élémentaire*" de J. WEINGREEN, traduit par P. Herbert, Beauchesne religions. (Un livre de cours et d'exercices, un deuxième livre contient les corrections.)

S'adresser dans les universités où des cours d'approche sont donnés.

S'adresser dans les centres communautaires juifs.

### Tradition grecque :

L'étude du grec est une clef fort importante pour la compréhension des " nuances " de l'évangile.

" *Le grec du nouveau testament*" de J. W. WENHAM, Beauchesne

S'adresser dans les universités ou des cours d'approche sont donnés.

S'adresser dans les séminaires catholiques où de bonnes approches sont données.

**Tradition latine :**

Collection " Sources chrétiennes".

S'adresser dans les séminaires catholiques où de bonnes approches sont données.

### c) Martinisme :

Louis-Claude de Saint-Martin, Le ministère de l'homme esprit.
Louis-Claude de Saint-Martin, *Tableau naturel.*

Martines de Pasqually : le traité de la réintégration, édition ROSICRUCIENNE, préface de Robert AMADOU.

Teder, Rituel de l'Ordre martiniste.

### d) Occultisme :

Giuliano Kremmerz, Introduction à la science hermétique.
Giuliano Kremmerz, Dialogue sur l'hermétisme.
Heinrich Kunrath, L'amphithéâtre de l'éternelle sapience.

Jollivet Castelot, Comment devient-on alchimiste ?

Le livre sacré d'Enoch

Il est bien évident qu'une telle trame d'étude n'est pas exhaustive et que chacun devra y choisir ce qui lui semble bon dans une progression logique et graduée.

### Note spéciale au sujet de l'étude :

Quelques Ordres martinistes ont présenté divers documents de formation, parfois intéressants, mais la plupart du temps à usage interne. Une seule école, à notre connaissance, a rendu accessible son ensemble sérieux de cours de formation sur la tradition martiniste. Il s'agit de l'*International College of Esoteric Studies* que nous avons mentionné dans l'Ordre Martiniste Synarchique. Outre la tradition martiniste, les fascicules développent également ce qui se situait dans la mouvance de cette philosophie, c'est à dire, le gnosticisme, la chevalerie, le symbolisme, etc.

# Travaux de réflexion et d'étude symbolique (Exemples)

Les trois travaux développés dans une Loge martiniste que nous vous donnons ci-après en exemple ne sont certes pas destinés à être des modèles dans le genre. Ils sont toutefois le reflet d'une réflexion vivante dans la démarche du chercheur, qui permettront à celui ou celle qui n'a jamais participé à de tels travaux de réflexion de s'en faire une certaine idée. Nous avons choisi trois styles différents qui sont le travail de réflexion général, une esquisse kabbalistique et un travail symbolique.

## *Les Maîtres passés*

" Les Maîtres sont des êtres qui ont vécu sur terre et qui sont parvenus à un niveau élevé de maîtrise et d'initiation. Une fois disparus physiquement, ils constituent une sorte de collège invisible dans lequel chacun a des attributions précises. Chacun de nous œuvre donc sur une note particulière et se trouve donc en relation indirecte d'abord, puis directe avec le Maître correspondant.

C'est sur cet édifice que s'est bâti ce que certains appellent " la grande illusion". Parti de faits fragmentaires et isolés, un édifice a été construit et nous avons parfois du mal à percevoir ce qui s'y cache. N'ayons crainte de percer l'écorce car c'est à l'intérieur que se trouvent les précieuses gemmes.

Ces notions ont trouvé leurs sources dans plusieurs courants et plusieurs traditions. Tout d'abord dans le livre d'Ossendowski " Bêtes, hommes et Dieux " où pour la première fois, la notion de Roi du monde est évoquée ; puis chez Saint Yves d'Alveydre dans sa " Mission de l'Inde " qui eut la fortune que vous connaissez. La théosophie ensuite sous l'impulsion essentielle de Mme Blavatsky qui fut déterminante. Tous les groupes postérieurs empruntèrent cette idée de hiérarchie de Maîtres et en firent la synthèse. Il fut aisé ensuite de relire dans cet esprit les textes de l'antiquité et d'y trouver d'abondantes références. Comprenons qu'il peut s'agir d'une élaboration humaine qui, parce qu'elle rassure le chercheur, devrait éveiller notre méfiance. D'ailleurs nombreux ont été depuis les faux maîtres qui ont abusé de tout cela à leur profit.

L'Occident n'étant pas à une erreur près, a eu fortement tendance à assimiler le Maître à ce que nous nommons péjorativement le " gourou ", c'est à dire celui qu'il faut suivre aveuglément. Même si l'on reconnaît que c'est un peu excessif, n'a-t-on pas tendance à les considérer plus près de la Vérité ? Est-ce vraiment une erreur et peut-il y avoir un vrai maître ?

Avant d'aller plus loin, il faudrait dire un mot du qualificatif " passés ". Ils sont passés et seule leur mémoire subsiste pourrait être la répartie matérialiste. Ils sont passés et reviennent pourrait être celle de la réincarnation. Mais l'Orient est là avec la doctrine des bodhisattvas lançant l'idée des illuminés refusant l'immersion dans le Brahman ou le Nirvana pour revenir aider tous ceux qui ne se sont pas délivrés. La théosophie pouvait alors créer sur cette idée la hiérarchie des Maîtres.

Ne considérons pour briser l'écorce de cette question que le plan visible et invisible sans les diviser en d'infinies parties. Nous savons que chaque être est sur terre pour faire des expériences sans distinction de nature et pour progresser vers ce que nous nommons la réintégration. Chacun de nous accomplit donc une tache qui sera inévitablement jugée et appréciée. Pour le catholicisme il s'agit du jugement, pour l'occultisme il s'agit de l'auto jugement lors de la mort, mais qu'importe. Chaque vie fait l'objet d'un rapport et d'un constat en regard au but fixé qui consiste à s'élever et à se rapprocher du divin.

Un Maître est alors celui que nous jugeons comme ayant eu une vie illustrant le mieux ce mouvement. C'est là, vous le concevez un critère totalement subjectif.

Un Maître est aussi celui qui nous a été révélé comme tel par un initié ou médium. Nous pouvons voir par exemple les Maîtres cosmiques tels que Maitreya, Koutoumi, Zozer, etc. Ici aussi il s'agit d'un critère subjectif.

Crowley écrit : " Tout homme (ou toute femme) est une étoile." Chacun est donc un maître, non pas en puissance, mais réellement, tangiblement et concrètement. Quelle est alors la différence entre nous et Papus, Maître Philippe de Lyon, Sédir, Cagliostro, etc. ? Comment dire alors, " les Maîtres" ? Nous avons dit que chacun de nous était sur terre pour faire des expériences et pour remplir un rôle. Le Maître dans une tradition devient le personnage qui a pu incarner un courant impersonnel et le découvrir pour ses Frères et Sœurs. Sa maîtrise consiste donc à avoir été à même d'aider impersonnellement. En tant que tels, ils sont entrés dans la grande famille des Serviteurs Inconnus. Dire que ceci est le reflet de leur évolution peut être juste, mais insuffisant. En effet pour dix maîtres " recensés officiellement", combien d'autres œuvrent autour de nous dans l'anonymat et peut-être avec un grand avancement spirituel ?

Tous forment dans l'invisible une sorte de famille au sein de laquelle chacun est uni avec l'autre, l'Église intérieure d'Eckharthausen. Les maîtres passés correspondent donc étymologiquement à toutes les créatures avancées spirituellement et ayant été incarné à un moment donné sur terre. Plus précisément il s'agit des individus dont le nom est inscrit dans l'histoire d'une tradition pour y avoir joué un rôle direct ou indirect, mais déterminant dans son histoire. En tant que tels leur esprit ne cesse d'animer ce courant de pensée et de créer, pour nous par exemple, la famille martiniste invisible. Nous sommes tous des Frères ou sœurs appelés à devenir des Supérieurs Inconnus et encore plus des maîtres. Le terme " Maître passé" doit être compris comme une invitation à un dynamisme et non à un culte stérile de maître ascensionné et parfait. L'adoption d'un nouveau Frère donne lieu à sa présentation auprès de ceux qui ont incarné la tradition dans le passé. Chaque fois que nous oeuvrons en tant que martiniste nous sommes des membres actifs de cette chaîne et nous nous devons de nous hisser à la hauteur de ceux qui nous ont précédés.

Pour cela il nous est demandé de se mettre consciemment en relation lors d'instants privilégiés. Au début de notre rituel mais aussi dans nos oraisons de notre oratoire particulier.

Écoutons une des prières tirées d'un rituel martiniste : " Ô Dieu Éternel, toi qui dispenses le pardon et désires le salut des hommes, nous supplions ta Sainte Clémence d'accorder aux Frères et sœurs comme aux Maîtres passés qui ont quittés ce siècle de partager avec tes saints et tes Anges, la Béatitude éternelle par leur retour aux célestes origines."

Rappelons-nous donc que les Maîtres passés constituent la famille vivante dans laquelle nous avons été introduits. En tant que tels ils nous connaissent et attendent de nous tous que nous soyons dignes d'eux, libres et forts. " Ne pas accepter quelque chose de qui que ce soit sans l'avoir expérimenté nous-mêmes", disait Bouddha. " J'habite ma propre maison, n'ai jamais imité personne et me suis moqué de tout maître qui ne s'est pas moqué de soir" écrivait Nietzsche.

Le Maître ne doit donc pas devenir un être divin et irréel, mais le but que chacun ne se doit pas d'atteindre puisqu'il l'est mais se doit d'incarner.

C'est là ce qu'attendent nos Frères, les Maîtres passés. M.

## *Considération sur le mot " Vie"*

Il peut être intéressant de se pencher tout d'abord sur le sens et l'emploi de ce mot dans la langue sacré qu'est l'hébreu.

La première remarque frappante sur ce mot est qu'en hébreu il s'agit d'un pluriel. " La vie " s'écrit en réalité " les vies ". Je vous laisse imaginer les différentes implications que nous pourrions dégager de cette simple remarque. Toutefois, plutôt que d'écrire aujourd'hui un texte magistral sur ce sujet, je préfère vous faire percevoir les clins d'œil de la Torah quant à ce concept.

Nous avons coutume de lire en Genèse 2 :7 " L'Éternel insuffla dans ses narines un souffle de vie." puis en Gn. 6 :17 " je vais amener sur la terre des eaux pour détruire toute chair animée d'un souffle de vie." et Gn. 7 :22 " Alors périt [...] tout ce qui avait une âme souffle de vie, dans ses narines."

En français nous ne remarquons rien de particulier, mais dans la langue originale, nous pouvons relever un certain nombre de choses. Les mots suivants sont utilisés : Gn 2 :7 " Nichmat haraïm", Gn 6 :17 " Rouar raïm" et Gn 7 :22 " Nichmat rouar raïm".

Dieu place d'abord le souffle de vie dans l'être. Il s'agit de l'âme, du souffle de la respiration. Lorsque Dieu décide de détruire les créatures infidèles, c'est le mot " rouar" qui est utilisé. Ce mot se rapporte au vent, le souffle, l'espace qui va amener un soulagement (Ravra), une délivrance (Révar). Puis quand tout est détruit c'est l'union des trois qui est touchée par le déluge (maboul).

Ainsi la vie dans la Torah n'est pas un élément à part entière et n'apparaît que comme qualificatif d'une structure de l'homme pouvant être sujette à transformation.

Lorsque le texte parle du " souffle de vie" (Gn 2 :7), c'est de " l'âme de vie" qu'il s'agit et il est écrit " l'âme est dans le sang (Dam)." or Adam contient le sang et est animé par l'âme et donc par le souffle de vie.

Lorsque par le déluge l'âme va être délivrée de la vie, cela signifie qu'une essence particulière va se dégager de la chair d'Adam, par la terre (Adamah). Noé (Noar) incarnera ce personnage par l'emploi du vent et de la vie le soulageant de toute épreuve.

La vie (Haraïm) est caractérisée par un redoublement inhabituel du Iod, le germe, la main de Dieu, va apparaître sur les deux piliers pour apporter par la prophétie la vision au sein de l'enceinte de l'au-delà, de l'autre côté du miroir. Pour détailler cette phrase structurant l'apport de la vie, examinons chacune des lettres :Le Rèt renvoie aux notions de clôture, de réceptivité, de parole.

Le Mèm est le renversement des visions. Dans le Tarot il s'agit du Chariot, de l'Ermite et du Pendu, ayant l'image de ces cartes dans l'esprit. Il faut se mettre en relation avec la vie universelle va nous amener à une ouverture à la parole de Dieu et nous modifier notre vision permettant de comprendre la finalité de notre cheminement sur la terre. L'on peut par ce biais comprendre la parole du Sépher Habahir, le livre de la clarté : " La vie c'est la Torah, ainsi qu'il est dit : (Dt 30 :19) " Tu choisiras la vie." et il est dit encore (Dt 30 :20) " Car elle est ta vie et la durée de tes jours" et quiconque veut la mériter doit mépriser toute jouissance du corps et accepter le joug des Mitsvot (Préceptes)." Les lois morales deviennent alors les garantes de notre ouverture à la vie, c'est à dire à la transcendance de l'Éternel nous engageant dans notre cheminement vers la réintégration. Ainsi nous lisons dans Prov 6 :23 " Le chemin de la vie est fait des remontrances de l'instruction" car dit Isaïe 3 :6 " danger de faillir sera à portée de la main" et ce sont là des choses où l'homme ne peut saisir sans y avoir trébuché.

## Interprétation symbolique du mot vie en hébreu " Haraïm"

Parcourant les nuées sur mon char encercle les palais et dresse de fortes murailles ceinturant les cités.

Je m'étais jadis élevé dans le ciel mais dans un cri de souffrance je fus précipité sur terre pour avoir voulu vaincre sans souffrir. Qu'importe aujourd'hui les ténèbres puisqu'une flamme brille en moi me rappelant la présence de l'Éternel mon Père.

Un souffle de vent sur mon front, la caresse d'un doux plumage, le frôlement d'une main diaphane sur ma bouche et je me renverse, brisé dans la tourbe épaisse.

Mais qui donc a oublié, qui donc a perdu ce joyau enfoui au plus profond de la glèbe ?

Et découvrant la vie, je rendis l'esprit dans un souffle, doux murmure du temps.

M.

## L'épée

L'épée et une arme offensive très ordinaire dans l'ancien Proche-Orient. Primitivement en bronze puis en fer, elle est de tous les combats relatés dans la Bible. Il en sera de même dans toutes les traditions. Elle est donc le symbole de la bravoure, de la puissance. Cette puissance peut cependant posséder deux aspects positifs :

La destruction de l'ignorance et le maintien de la paix et de la justice. Il faut donc remarquer l'attribution fréquente de l'épée avec la balance de la justice. Ce symbole se retrouve dans la lame de la Justice (Clef 11) dans le Tarot. Dans ce cas-là, elle est en acier, métal de Mars. Liée à la balance comme gouverneur, Vénus est ainsi équilibrée face à Mars. De ce fait, dès que Vénus entre en action Mars est également actif. Ils sont donc parfaitement complémentaires. Le pommeau en T de couleur or est relié au Soleil. Saturne exaltée dans la balance représente la limitation et la force. Lorsque ce pouvoir que détient le symbole de l'épée est utilisé positivement, il est combiné avec l'énergie irradiant du soleil et ainsi l'illumination exalte la forme. De ce fait il faut considérer l'épée dans sa forme et sa matière. Il est dit, telle que nous l'étudions, qu'elle possède deux tranchants parallèles et une pointe. C'est en ce sens que le Martinisme utilise les paroles : "…cette épée, emblème du pouvoir et de la force, dont la pointe nous rappelle l'Éternel principe des choses…" Les deux tranchants, symbole de l'équilibre Mars-Vénus, de la dualité artificielle de la matière forment les deux pôles d'une même énergie qui est le principe de toute chose. La forme est donc un vivant résumé d'une cosmogonie précise. De plus, représentation de l'action, de l'outil en tant que prolongement du bras elle pourra être une remarquable arme d'attaque et de protection. Je veux parler ici de l'utilisation visible et invisible qui peut en être faite. Il importe donc que notre épée soit la plus proche possible du symbole afin d'être active sur tous les plans. Son symbole est aussi à rapprocher de celui du Verbe, autrement dit de la pensée active. Elle est l'arme unique " de l'initié qui ne saurait vaincre que par la puissance de l'idée et par la force qu'elle porte en elle-même." C'est le cas dans l'Apocalypse 1 :15 ou il est dit du fils de l'homme : " De sa bouche sortait une épée aiguë a deux tranchants." Ibid. en Ap. 19 :15. Le verbe est donc cette force qui peut être utilisée pour détruire ou pour créer. Il est maintenant intéressant de nous rappeler que le symbole ne prend sa véritable valeur qu'intégré en notre être. C'est de cette manière que nous devons nous poser la question de son utilisation. L'utiliser dans la théurgie ? Certainement. L'utiliser par visualisation ? Nécessairement, mais aussi et surtout dans la voie martiniste, par le vécu intérieur qu'elle va susciter. Elle deviendra la juste discrimination utilisée par notre esprit pour nous débarrasser de tout ce qui est inutile, pour nous libérer de l'attachement, des jugements préconçus, du ressentiment et du regret. Par l'utilisation de la parole juste et de la pensée juste nous pourrons nous couper de tous ces problèmes mentaux et psychologiques. Cette arme deviendra alors l'épée vivante remise lors de notre initiation. Peut-être reposera-t-elle dans notre oratoire, respectueusement enveloppée, le nom mystique gravé sur la lame, mais elle sera vivante auprès de nous dès que nous trancherons les fils invisibles qui nous immobilisent. Sachons nous rappeler comme nos ancêtres, qu'elle est la représentation d'une partie de notre intériorité et que le respect que nous lui témoignons est le reflet de soi-même. Rappelons enfin que pour les chevaliers, l'épée avait une personnalité qui était nommée : Joyeuse, Durandal, Hauteclaire, Corte, Bautraine, Musaguine, etc. C'est donc par l'ensemble de cette prise de conscience que ce symbole froid, théâtral, que l'on a du mal a dissimuler, devient en fait le centre de notre être, le point d'équilibre et de force nous permettant d'agir juste et de parler juste. M.

## *Le Credo martiniste*

" En méditant sur le sublime symbolisme du Rite Martiniste, nous sommes amenés à faire la profession de foi suivante :Nous croyons en un Dieu Unique et en la Religion Unique comme Lui, en un Dieu bénissant tous les Dieux et en la Religion absorbant ou annulant tous les cultes. Nous croyons en l'infaillibilité de l'Esprit de Charité plutôt qu'en l'infaillibilité de la témérité dogmatique de quelques hommes. Nous croyons en la Liberté absolue, à l'Indépendance absolue, à la Royauté même, à la Divinité relative de la Volonté humaine, lorsqu'elle est réglée par la souveraine Raison. Nous croyons que pour s'enrichir, il faut donner, et que le Bonheur individuel ne peut être atteint que par le Bonheur d'autrui. Nous reconnaissons dans l'Être deux modes essentiels : l'Idée et la Forme, l'Intelligence et l'Action. Nous croyons à la Vérité, qui est l'Être conçu par l'Idée. Nous croyons à la Réalité, qui est l'Idée démontrée ou démontrable par la Science. Nous croyons à la Raison, qui est l'être exprimé exactement par le Verbe. Nous

croyons à la Justice, qui est l'Être mis en action, suivant ses vrais rapports et ses proportions raisonnables. Nous croyons que Dieu lui-même, le Grand-Principe indéfinissable de Justice, ne saurait être le despote ni le bourreau de ses Créatures ; qu'il ne peut ni les récompenser, ni les punir ; mais que la Loi de l'Universelle Harmonie porte en elle-même sa sanction, de sorte que le bien de soi-même est la récompense du Bien, et le mal le châtiment, mais aussi le remède du Mal."
Extrait du Rituel de l'Ordre Martiniste dressé par Téder.

## *BUTS DE L'ORDRE MARTINISTE*

" Que le profane, l'Initié et l'Initiateur, sachent bien que le but de l'Ordre n'est pas de faire des maîtres dogmatisant, mais au contraire des Étudiants humbles et dévoués au culte de l'Éternelle Vérité. Les enseignements sont élémentaires, les symboles peu nombreux, mais ils suffisent grandement au modeste but de notre Ordre. Ses membres connaissent peu de choses, mais ils le connaissent bien et possèdent les éléments d'un développement personnel qui peut les mener fort loin. Inconnus et Silencieux, ils n'attendent d'autre prix de leurs travaux que la satisfaction infinie que procure l'assurance d'une conscience pure et d'un cœur prêt à tous les sacrifices pour l'Humanité."

Extraits des Cahiers de l'Ordre martiniste

## Conseils au nouveau-venu désirant étudier l'Occulte

" Choisir toujours un centre où la prière (quel que soit le culte) soit pratiquée. Se souvenir que les véritables maîtres ne font pas de livres et placent la simplicité et l'humilité au-dessus de toute science. Se méfier des pontifes et des hommes qui se disent parfaits. Ne jamais aliéner sa liberté par un serment enchaînant l'individu soit dans un clergé, soit dans une société secrète ; Dieu seul a droit de recevoir un serment d'obéissance passive. Se souvenir que toute la puissance invisible vient du Christ, Dieu venu en chair à travers tous les plans, et ne jamais entrer, dans l'invisible, en relations avec un être astral ou spirituel ne confessant pas le Christ de cette manière. Ne pas chercher à obtenir " des pouvoirs", attendre que le Ciel nous en donne si nous en sommes dignes. Ne jamais juger les actions d'autrui et ne pas condamner notre prochain. Tout être spiritualiste, par les épreuves ou la souffrance ou par une vie de dévouement, peut faire son salut quelle que soit son Eglise ou sa philosophie. Qu'il soit chrétien, israélite, musulman, bouddhiste ou libre-penseur, tout être humain a les facultés nécessaires pour évoluer jusqu'au plan céleste. Le jugement appartient au Père et non aux hommes. Avoir la certitude que l'homme n'est jamais abandonné du Ciel, même dans ses moments de négation et de doute, et que nous sommes dans le plan physique pour les autres et non pour nous.

Se souvenir que la purification physique par le régime est un enfantillage, si elle n'est pas appuyée par la purification astrale, par la charité, le silence, la purification spirituelle et les efforts pour ne pas penser ou dire du mal des absents. Bien savoir que la prière, qui donne la paix du cœur, est préférable à toute magie qui ne donne que l'orgueil."

Papus

# L'Ordre Martiniste et la G. L. N. F.

Jean Baylot (1897-1976) rapporte dans son ouvrage Oswald Wirth rénovateur et mainteneur de la Véritable Franc-maçonnerie, (Paris, Dervy-Livres, 1975, pp. 102 à 105), en termes un peu obscurs un épisode très peu connu de l'histoire des mouvements ésotériques de l'époque, à savoir l'absorption de l'Ordre Martiniste par la toute nouvelle G. L. N. F. (à l'époque, Grande Loge Nationale Indépendante et Régulière pour la France et les Colonies). Cet auteur connaissait particulièrement l'histoire de ces courants. Il fut en effet C. B. C. S. et initié au martinisme le 18 avril 1963 dans l'oratoire de Philippe Encausse par Pierre de Ribaucourt, fils d'Edouard de Ribaucourt, fondateur de la G. L. N. F. Il fut Grand Maître Provincial de la Province d'Aquitaine de cette obédience maçonnique.

Comme l'écrit cet auteur : " La jeune institution devait en 1917 échapper à un péril et, en même temps, aider durablement à débarrasser la Franc-Maçonnerie véritable d'une escorte parasitaire de faible importance mais dont le bruyant comportement, interférant avec les redondances de leurs nombreux congénères, pouvait s'avérer nocif. [...] On en traite, de façon allusive et véritablement énigmatique, dans l'Histoire de la Grande Loge Nationale Française. [...] On peut exposer le grave péril que courut la jeune Grande Loge.

Son Grand Maître, Edouard de Ribaucourt, ne régnait pendant la guerre que sur de minces troupes parisiennes, les quelques membres de la loge de base Le Centre des Amis. Cet homme de science, cultivé mais passionné avec une sincérité exubérante péremptoire, dont l'activité se muait parfois en agitation, vivait mal les journées d'attente imposées par une guerre statique d'où son âge l'écartait. A la mort de Papus, en 1916, les chefs de file des groupes se réclamant de l'occultisme, se sentirent accablés. Comment remplacer ce conducteur hors-série...

Ribaucourt s'offrait à leur choix. Il tenait de sa personne, de sa démarche, de sa culture et de ses titres, un certain ascendant que corsait l'audace exceptionnelle manifestée dans la création de la Grande Loge Régulière. La reconnaissance d'emblée, universelle, l'affermissait davantage encore. Comme chez beaucoup d'hommes d'entreprise à potentiel élevé, le dynamisme, chez Ribaucourt, se complétait, sans qu'il y prenne garde, d'une vanité toujours à l'affût de nouvelles réussites. Il ne se considérait certes pas comme disciple de Papus ou entraîné dans son sillage. Mais la perspective d'accéder à la même notoriété le flattait certes, mais lui apparaissait surtout comme bénéfique pour sa Grande Loge en grandissant son prestige.

Ainsi les dirigeants de la Grande Loge demeurés à Paris - tous les présents ou presque étaient des dirigeants furent-ils surpris de voir leur Grand Maître présenter un jour un dossier de création d'une nouvelle loge. Elle s'appelait *France n°7*. Un artiste avait déjà dessiné son sceau où, compas, colonnes et outils étaient entourés d'un ceinturon bouclé, dont le commentaire symbolique défiait les experts les plus avertis, sauf à recourir aux références dramatiques d'actualité d'un traditionalisme discutable.

Il parut déjà singulier qu'en 1917, alors que la grave affaire de Verdun angoissait les Français, on trouve des ressources en personnel pour animer une nouvelle loge. L'alibi patriotique du ceinturon n'expliquait pas tout ; autre raison d'inquiétude, nombre de pétitionnaires étaient membres de groupements maçonniques irréguliers, y exerçant, pour certains d'entre eux, des charges importantes, tel Bricaud évêque gnostique mais aussi haut dignitaire de Memphis - Misraïm, et Lagrèze, Grand Maître de cette dernière obédience. A considérer la liste, elle comprenait le plus grand nombre des cadres des différents organismes inclus dans la mouvance de Papus ou vivant en orbite ou en symbiose avec lui.

Le Grand Maître provincial voulut s'informer. Il demanda au moins une " régularisation" des nouveaux venus, rappelant les dispositions impératives du texte, tout frais, des statuts de la Grande Loge : Aucun membre d'organisations non régulières ne pouvait être admis sans subir l'initiation, comme un nouveau venu.

Comme il advient souvent chez les gens de grande volonté, Ribaucourt n'était pas un homme de droit, il fonçait. Il s'obstina donc à prétendre imposer une évidente atteinte aux règles statutaires.

Ce combat demeuré secret entre le Grand Maître et le Grand Maître Provincial, se termina par la victoire du dernier, ce qui est curieux. A la réflexion, on mesure le péril auquel avait échappé la Grande Loge encore si fragile. En devenant le réceptacle des loges et grandes loges, de provenance plus ou moins authentique et des sectes ou chapelles constituées alentour, elle aurait risqué une déviation et aurait peut-être été vouée à la destinée dissolvante que ces associations, laissées à leur destin, ont connue par la suite. Elle n'aurait pas résisté à l'ébranlement des conflits internes, à la tendance centrifuge des dirigeants de ces collectivités groupusculaires et, surtout, elle aurait rapidement perdu les reconnaissances internationales qui avaient si brillamment salué sa venue au monde.

Il est intéressant de joindre cette relation inédite au constat d'affaissement des mouvements occultistes en 1914. Une institution maçonnique, à l'authenticité garantie par l'aval de ses homologues du monde entier, s'offrait à un rassemblement où la spiritualité serait maintenue. Cette institution, bien que jeune, avait trouvé en elle-même un suffisant ressort pour faire échec à la tentative d'annexion menée par des hommes expérimentés.

N'était-il pas temps de la conforter en la ralliant ? Wirth s'en tint à l'expectative. Redoutait-il malgré cela la fragilité de la nouvelle née ? Voulait-il, par esprit d'opportunité, demeurer au sein du gros des adeptes, pousser plus profondément sa prise d'influence sur la Franc-Maçonnerie française ?

Ecartant toute démarche dans cette voie, il consacra le temps de guerre à rassembler des matériaux et préparer des travaux. Le militantisme didactique fut poursuivi dans la mesure où les servitudes de la guerre l'autorisaient. Pendant toute la durée des hostilités, la loge *Travail et Vrais Amis Fidèles* réunit mensuellement, à partir de mars 1916, des " tenues blanches" où profanes des deux sexes et maçons non mobilisés suivirent des cours d'enseignement philosophique. Ces rencontres préparaient la reprise.

Quant aux éléments occultistes, toutes spécialités réunies, ils en furent réduits à porter à leur tête des personnages estimables mais sans grand relief. Charles Detré (Teder) ne tint que deux années le siège de Papus. Il mourut le 26 septembre 1918. C'est Jean Bricaud qui lui succéda jusqu'au 21 novembre 1934. A cette date vint le prestigieux Constant Chevillon. Il était peu connu et la guerre était trop proche.

Dès les premières années qui suivirent, on put attendre une sorte de renouveau de l'occultisme dans une seconde génération. L'école surréaliste et son chef impétueux exploitaient l'occultisme, procédé de connaissances qui prétendait déborder la raison. Il se conciliait avec leur démarche mentale André Breton disait vouloir " faire justice de la haine du merveilleux qui sévit chez certains hommes, de ce ridicule sous lequel ils veulent le faire tomber". Ce merveilleux s'opposait au rationalisme étriqué. Les surréalistes ressuscitaient ainsi les occultistes de la fin de siècle et l'expression artistique qui en procédait. Papus, Péladan, Guaita, Eliphas Levi revinrent à la mode.

Les disciples de Breton étaient trop brillants. […] Ils étincelèrent, mais comme les fusées d'un feu d'artifice, dispersés et sans lendemain, sauf à parcourir pour certains de brillantes carrières."

Dans ce texte fort intéressant, Baylot ne dit pas clairement que des contacts avaient eu lieu entre Papus et Edouard de Ribaucourt [1865-1936] (Grand Maître fondateur - 1913/1919) quelque mois avant la mort du premier, peut-être même dès 1913.

Le décès de Papus n'avait pas permis cette absorption/fusion, ce qui n'avait pas empêché Ribaucourt de créer le 24 octobre 1917 une nouvelle Loge, " La France n°7", travaillant au Régime Ecossais Rectifié, d'où l'épisode rapporté par Baylot. Cette Loge existe toujours à la G. L. N. F. où elle a été réveillée le 26 août 1979 sous le nom de " France 1917, n°7".

Pour la petite histoire, Ribaucourt était né la même année que Papus et était - entre autres - docteur en médecine comme lui. Membre du Grand Orient où il avait été initié en 1896, il fut avec Camille Savoire et le Docteur Bastard de ceux qui furent armés C. B. C. S. à Genève en 1910. Il fonda la Loge " Le Centre des Amis" (R. E. R.) en juin 1910, sous l'obédience du G. O. D. F. Censuré par son obédience, il en partit avec sa Loge pour créer la Grande Loge Nationale Indépendante et Régulière pour la France et les Colonies, aujourd'hui G. L. N. F., et obtint la reconnaissance de la Grande Loge Unie d'Angleterre. Il participa en France en 1935 au réveil du Grand Prieuré des Gaules.

Une Loge " La France n°7" existe par ailleurs au sein de la G. L. T. S. O. (ex-G. L. N. F. -Opéra), et le second texte en donne l'origine. Elle a été créée en 1961, dans le but de regrouper des F. M. Martinistes. Cette création avec ce nom était possible, " La France n°7" de la G. L. N. F. étant alors en sommeil. Cette Loge existant, " La France n°7" a été réveillée ultérieurement (24 octobre 1917) au sein de la G. L. N. F. avec un nom légèrement modifié, "France 1917, n°7". Elle poursuite encore ses activités en travaillant au R. E. R.

Il s'agit donc d'un dossier obscur, datant du tout début de la G. L. N. F. (dont le rite fondateur est le R. E. R., ce que l'on a un peu tendance à oublier aujourd'hui). Il semble que la Loge " France 1917" n'a plus d'attaches privilégiées avec les Martinistes.

Il paraît pour le moins étonnant que ces épisodes fassent de Papus un artisan (sûrement involontaire) de la création de la Maçonnerie régulière en France.

## RITE ECOSSAIS RECTIFIÉ ET LA NAISSANCE DE LA G. L. N. F.

En 1910, quelques Frères du Grand Orient de France, désireux d'en revenir à une Maçonnerie avec un Grand Architecte de l'Univers qui soit Dieu, firent le voyage de Suisse et recueillirent le Rite Ecossais Rectifié. C'étaient les Frères de Ribeaucourt, Savoire et Bastard. Rentrés en France, ils réveillèrent au Grand Orient de France la Loge *Le Centre des Amis* et la firent fonctionner au Rite Rectifié. Cela ne pouvait durer au Grand Orient de France d'alors ; la Loge éclata en 1913. Ribaucourt partit du Grand Orient de France avec quelques Frères du *Centre des Amis* pour maintenir la Loge hors le Grand Orient de France.

Il fonda en association avec L'Anglaise de Bordeaux, la *Grande Loge Nationale Indépendante et régulière pour la France et les colonies françaises*. Les colonies n'étant plus ce qu'elles étaient, l'Obédience s'appelle aujourd'hui " *Grande Loge Nationale Française*".

Le Frère Savoire, resté au Grand Orient de France, finit par fonder le *Grand Prieuré des Gaules* (1935) et la *Grande Loge Ecossaise Rectifiée de France* (1936). Le Grand Prieuré administrait les hauts-grades du rite et la Grande Loge Rectifiée de France, les grades bleus.

Pendant la deuxième guerre mondiale, l'occupant pourchassant la Maçonnerie, les Loges cessèrent leurs activités, à de rares exceptions près. Après la guerre, des événements modifient encore le paysage maçonnique :

En 1958, la Grande Loge Nationale Française connut une scission dont naquit la *Grande Loge Nationale Française "Opéra"*.

La même année la Grande Loge du Rite Ecossais Rectifié fusionna avec la Grande Loge Nationale Française.

En 1964, en dépit du fait qu'elle imposait la présence de la Bible dans ses Loges, la Grande Loge de France passa un accord avec le Grand Orient de France, depuis lequel les deux Obédiences sont en relations d'amitié. Cet accord est annulé depuis 1970, mais il est toujours possible à un Maçon d'une des deux Obédiences d'appartenir à l'autre.

L'accord de 1964 provoqua une réaction chez certains Frères de la Grande Loge de France pour qui le Grand Architecte est Dieu. Ils rejoignirent la Grande Loge Nationale Française où ils apportèrent le Rite Ecossais Ancien et Accepté.

En 1968, quelques Frères ayant fait scission d'avec la Grande Loge Nationale Française " Opéra", fondèrent la *Loge Nationale Française*, Fédération de Loges où l'on invoque le Grand Architecte de l'Univers qui est Dieu.

# POSTFACE

Au terme de cette étude, il peut être intéressant de prendre un peu de recul par rapport au Martinisme et de s'interroger sur sa place dans le domaine de la spiritualité et de l'ésotérisme occidental. En effet, nous sommes bien obligés de constater que le christianisme ne représente pas toute la tradition occidentale. Il en est un des aspects marquants qui a structuré l'Occident depuis 1500 ans.

Il existait des traditions ésotériques avant même que la naissance du christianisme et elles perdurèrent durant les siècles suivants. Parmi elles, la tradition égypto-hellénique, que l'on est en droit d'appeler l'hermétisme a transmise de plusieurs manière un riche et fondamental héritage à travers les siècles. La philosophie platonicienne et néoplatonicienne a développé une interprétation du monde qui a eu un retentissement extérieur et intellectuel fondamental dans l'histoire des idées. Mais il ne faut pas oublier que cette philosophie, que nous connaissons que par les textes, n'est que l'aspect visible d'un enseignement adressé oralement aux étudiants de l'école de Platon. Il en fut de même chez ses successeurs.

On pourrait être tenté de dire qu'une partie de cette tradition s'est introduite dans le christianisme naissant et cela est certainement vrai. Mais il ne faut tout de même pas en déduire que cette filiation fut absolument complète quant aux connaissances transmises.

La transmission proprement hermétique est très certainement restée voilée et s'est sans doute transmise de façon individuelle. L'on retrouve trace de cette tradition à Alexandrie, à Byzance et à Florence à l'époque des Médicis. A l'époque contemporaine, plusieurs courants peuvent être placés dans cette perspective : la Franc-Maçonnerie de tradition, le pythagorisme contemporain, etc. Bien évidemment ceux-ci ne rejettent pas la dimension ésotérique du christianisme qui a pris la forme d'une kabbale chrétienne ou autre.

Il est à remarquer que l'hermétisme a une influence importante sur la tradition chrétienne, à plusieurs moments dans son histoire. Dans l'Italie de la renaissance, une influence nette se fit sentir entre l'hermétisme et le christianisme. La kabbale chrétienne fut le véhicule de cette union entre un des aspects de l'ancienne gnose et l'ésotérisme de la nouvelle religion. Des courants initiatiques chrétiens se développèrent à partir de là et mêlèrent ce qui leur avait été transmis à leur nouveau culte pour en révéler un contenu proprement ésotérique.

Nous pourrions dire que le Martinisme dans sa pratique théurgique et mystique est un des avatars de cette rencontre entre les courants hermétismes paganisants et la religion chrétienne.

Le Martinisme fait donc parti de la tradition occidentale, bien qu'il ne constitue pas toute la tradition occidentale. Il en est un des aspects, une de ses composantes, respectable au même titre que les autres, mais il n'est toutefois en rien supérieur. Bien plus, nous pouvons dire que dans les phases les plus hautes de l'initiation, les pratiques et approches sont sensiblement les mêmes. Elles ne diffèrent qu'à l'intérieur de l'aspect doctrinal et ésotérique ainsi que dans la vision du monde et de la société.

Aujourd'hui le christianisme semble dans les sociétés occidentales et modernes en phase de déclin. Mais cela ne signifie pas que les découvertes, les acquis de certains chrétiens mystiques ou théurges soient condamnés à disparaître. Le temps efface souvent l'œuvre exotérique, mais l'empreinte ésotérique perdure à travers les siècles. Le Martinisme peut rassembler ces veilleurs silencieux qui conserveront cet acquis, pour autant qu'ils sachent se comporter comme des initiés. En effet, il n'a jamais été question dans la longue chaîne occulte, de prôner la supériorité d'une religion sur l'autre. Toutes apparaissent comme les efforts sincères d'êtres qui cherchent à s'élever vers Dieu et à le comprendre selon la sensibilité et la culture qui est la leur et celle de leur époque. L'apparence est contextuelle, le cœur demeure intemporel.

Le chemin initiatique est celui qui conduit à une désidentification vis à vis des formes extérieures et des structures visibles. L'exotérisme peut disparaître et son pouvoir avec lui. Le cœur de la tradition, tel que nous l'avons décrit, demeurera.

Pour terminer, nous dirons que le Martinisme est grand lorsqu'il amène celui qui cherche à découvrir la puissance du désir, de l'amour. Ces derniers pourront nous conduire au cœur des êtres et de la nature. Mais le Martinisme, comme d'autres groupes spirituels ou traditionnels, peut aussi générer un exotérisme latent, un dogmatisme réducteur, dangereux et totalitaire. Si le christianisme est grand, ce n'est pas parce qu'il est, comme certains l'affirment, la religion par excellence, l'aboutissement de toutes les autres formes de culte. C'est uniquement grâce au fait qu'il soit parvenu, à travers ses erreurs et ses faiblesses, à rejoindre, en certaines parties de son expression, l'initiation intemporelle occidentale.

Ainsi, puissent les martinistes, ne pas oublier l'humilité du cœur. Elle est l'élément essentiel permettant de découvrir le caractère unique de cette tradition, et sa place dans la multiplicité des voies vers la divinité ou sa propre divinité.

Puissent ceux qui ont ici découvert le Martinisme, en conserver le souvenir d'un aspect respectable de l'ésotérisme chrétien.

# TABLEAUX DES PRINCIPALES FILIATIONS MARTINISTES

Tous les tableaux peuvent être téléchargés gratuitement sur le site de l'Ordre Kabbalistique de la Rose-Croix (www.okrc.org).

www.ingramcontent.com/pod-product-compliance
Lightning Source LLC
LaVergne TN
LVHW051552070426
835507LV00021B/2549